Michael Heinen-Anders

Aus anthroposophischen Zusammenhängen Band II

Beiträge zu Anthroposophie, Dreigliederung und Esoterik

9. erweiterte Auflage 2018

Copyright ©2018 Michael Heinen-Anders

Herstellung und Verlag: Books on Demand, Norderstedt
ISBN **9783842380691**

Vorwort

Hiermit wird eine Anzahl von Beiträgen, erstmals in dieser Zusammenstellung editiert, die andernorts als einzelne Beiträge – teils in anderer Fassung – bereits veröffentlicht sind.

Einige Texte entstammen privaten esoterischen Gesprächszusammenhängen, insbesondere dem freundschaftlichen Austausch mit Hermann Keimeyer und Willi Seiß.

Andere Texte wurden der anthroposophischen Enzyklopädie Anthrowiki entnommen, soweit ich diese entweder alleine oder mindestens mitverfasst habe.

Nun wurden auch noch zwei Texte mit Bezug zur Sozialen Dreigliederung Rudolf Steiners in den Band – zur besseren Abrundung – aufgenommen, die in dieser Form bislang unveröffentlicht sind.

Der Text zum Pendel wurde neu gefasst.

Einige weitere Texte wurden noch angefügt, deren Aktualität die Aufnahme in diese Textsammlung rechtfertigt.

30.8.18

Michael Heinen-Anders
- Diplom-Ökonom -

INHALTSVERZEICHNIS

Was heute nottut!   10

Wahre Geldwertstabilität   12

Atomkraft – eine unheilvolle Energieform ohne Zukunft   16

Der Katholizismus als Verhinderungsimpuls   19

Zyankali – ein Bringer des zweifachen Todes auch für die
Opfer des Holocaust?   22

Ist der ‚Kosmische Sternentanz' von Dr. Robert Powell eine
Erneuerung der Eurythmie?   25

Karmische Gruppierungen innerhalb der Anthroposophischen
„Bewegung"   27

Ichlose Menschen   30

Heuschreckenmenschen   36

Ohrläppchen – Die physiognomische Zeichensprache   39

Pendel   43

Rudolf Steiner – Meister der weissen Loge   46

Turiner Grabtuch   48

Der amerikanische Traum   51

Deutschland und seine verlorene Mitte   52

Wie sich die Zeiten ändern   53

Wohin treibt die Welt heute   54

Verintellektualisierung der Anthroposophie 56

Der Kampf um den russischen Kulturkeim 57

Anthroposophische Prophezeiungen, die eingetreten sind 59

Eine andere Sicht auf Pietro Archiati 61

Zur Überbevölkerung der Erde 69

Liberale Anthroposophie 70

Vorlesen für die Toten 72

Sechzehn Wege des Verderbens 74

„Kinder statt Inder"? 76

Falsifikation von Felix Hau's Thesen zu Rudolf Steiners Einweihung 78

Autobiographische Notiz 85

Was heute nottut!

"Sie können den g r ö ß t e n menschlichen Scharfsinn, Sie können die tiefsten nationalökonomischen Erkenntnisse aufwenden, um darüber zu diskutieren, wie man das nun machen soll, dass im sozialen Organismus der Arbeiter nicht mehr seine Arbeitskraft als Ware zum Markte tragen soll, dass er diese letzte Konsequenz der Sklaverei aus der Welt schaffen könnte, und Sie werden, auch wenn Sie mit dem größten Scharfsinn, mit den tiefsten nationalökonomischen Erkenntnissen mehrere Menschenleben nachdenken könnten, Sie werden zu keinem Resultate kommen. Sie können zu keinem Resultate kommen, denn dies ist gerade im eminentesten Sinne eine Frage, welche nicht diskutiert werden kann, welche nicht theoretisch beantwortet werden kann, sondern welche nur vom Leben selbst beantwortet werden kann, nur dadurch beantwortet werden kann, dass man etwas schafft, was im Leben so wirkt, dass die Arbeitskraft des Warencharakters entkleidet wird." (Rudolf Steiner, GA 328).

Eine Antwort auf diese Frage liegt also nicht in theoretischen Resultaten, wie etwa auch dem Marxismus, sondern vielmehr in zu schaffenden praktischen Einrichtungen, wie etwa einem allgemein zugänglichen Bedingungslosen Grundeinkommen.

"Arbeit ist Pflicht. (...) Zwar droht dem Langzeitarbeitslosen keine Gefängnisstrafe, aber Sanktionen wie sinnlose Ein-Euro-Jobs, sinnlose Schulungen oder Einkommenskürzungen werden von den so Bestraften nicht als grundsätzlich anders erlebt. Sie dürfen sich nicht frei bewegen, müssen jede Art schlechtbezahlter Zwangsarbeit leisten und Details aus ihrem Privatleben offenlegen. Das ist beschämend und würdelos in einem der reichsten Länder der Welt. Erwerbslose werden faktisch ihrer Grundrechte beraubt, die der Staat laut Grundgesetz eigentlich nur im Fall einer Straftat einschränken darf. Wie gesagt: Hartz IV ist offener Strafvollzug!" (Zitat aus dem Buch: Götz W. Werner/Adrienne Goehler, 1000 € FÜR JEDEN: Freiheit, Gleichheit, Grundeinkommen, Econ Vlg., Berlin 2010, S. 97).

Alleine dieser kurze Textausschnitt zeigt, wie wichtig das Projekt eines Bedingungslosen Grundeinkommens doch ist, das dem Menschen ein Leben in Würde und Freiheit garantiert. Und denkt man an Art. 1 des Grundgesetzes, so ist es nur diese Lösung des Dilemmas der Arbeitslosigkeit, die den Betroffenen Mut macht, sich ihrer eigenen Kreativität zu bedienen, welche denn auch angesichts Art. 20 I des Grundgesetzes, tatsächlich sozialstaatskompatibel ist.

Schon Erich Fromm stellte fest, dass nur ein Leben in Vertrauen und Würde, die Voraussetzungen schafft, von jedem das beste und kreativste, was er für die Gesellschaft tun kann, zu erwarten - aber dies in völliger Freiheit, ohne jeglichen bevormundenden Zwang. Wer glaubt bei Einführung eines Bedingungslosen Grundeinkommens, in der von den Autoren propagierten Höhe, würde die gesellschaftliche Mehrheit sich in die "soziale Hängematte" legen, der hat ein falsches Welt- und Menschenbild. Erst ein wirklich Bedingungsloses Grundeinkommen, in ausreichender Höhe, um auch die notwendige kulturelle Teilhabe zu sichern, stellt sicher, das jeder Mensch, in welche Situation er gesellschaftlich auch gestellt sein mag, sein Humanpotential (das wahre und einzige Kapital dieser bundesrepublikanischen Gesellschaft) auch wahrhaft zu entfalten vermag. Alle Einwände gegen das Bedingungslose Grundeinkommen sind nur neidreflexhaft bedingt und verfehlen das wahre Ziel einer postkapitalistischen Gesellschaft: gleiche und faire Start- und Lebenschancen zu bieten.

Wahre Geldwertstabilität

"'Geld'", althochdeutsch: "gelt" ‚Vergeltung, Vergütung, Einkommen' oder ‚Wert' (Friedrich Kluge, "Etymologisches Wörterbuch der deutschen Sprache", 18. Aufl., Walter de Gruyter & Co. Berlin 1960, S. 244) ist im gesunden sozialen Organismus nur ein Wertäquivalent, ein Wertmesser für eine Waren- oder Dienstleistung.

"Was ist eigentlich für den heutigen sozialen Organismus das Geld? Es ist das Mittel, um gemeinsame Wirtschaft zu führen. Stellen Sie sich nur einmal die ganze Funktion des Geldes vor. Sie besteht darinnen, dass ich einfach für dasjenige, was ich selber arbeite, Anweisung habe auf irgend etwas anderes, was ein anderer arbeitet. Und sobald Geld etwas anderes ist als diese Anweisung, ist es unberechtigt im sozialen Organismus." (Rudolf Steiner, GA 329, S. 140).

== Abnützung des Geldes ==

So wie sich die Waren im Laufe der Zeit abnützen, so wird sich im gesunden sozialen Organismus auch das Geld, das deren Wertmesser ist, abnützen müssen:

"Das Geld wird im gesunden sozialen Organismus wirklich nur Wertmesser sein; denn hinter jedem Geldstück oder Geldschein steht die Warenleistung, auf welche hin der Geldbesitzer allein zu dem Gelde gekommen sein kann. Es werden sich aus der Natur der Verhältnisse heraus Einrichtungen notwendig machen, welche dem Gelde für den Inhaber seinen Wert benehmen, wenn es die eben gekennzeichnete Bedeutung verloren hat. Auf solche Einrichtungen ist schon hingewiesen worden. Geldbesitz geht nach einer bestimmten Zeit in geeigneter Form an die Allgemeinheit über. Und damit Geld, das nicht in Produktionsbetrieben arbeitet, nicht mit Umgehung der Maßnahmen der Wirtschaftsorganisation von Inhabern zurückbehalten werde, kann Umprägung oder Neudruck von Zeit zu Zeit stattfinden. Aus solchen Verhältnissen heraus wird sich allerdings auch ergeben, dass der Zinsbezug von einem Kapitale im Laufe der Jahre sich immer verringere. Das Geld wird sich abnützen, wie sich Waren abnützen. Doch wird eine solche vom Staate zu treffende Maßnahme gerecht sein. «Zins auf Zins» wird es nicht geben können. Wer Ersparnisse macht, hat allerdings Leistungen vollbracht, die ihm auf spätere Waren-Gegenleistungen Anspruch machen lassen, wie gegenwärtige Leistungen auf den Eintausch gegenwärtiger Gegenleistungen; aber die Ansprüche können nur bis zu einer gewissen Grenze gehen; denn aus der Vergangenheit herrührende Ansprüche können nur durch Arbeitsleistungen der Gegenwart befriedigt werden. Solche Ansprüche dürfen nicht zu einem wirtschaftlichen Gewaltmittel werden. Durch die Verwirklichung solcher Voraussetzungen wird die Währungsfrage auf eine gesunde Grundlage gestellt. Denn gleichgültig wie aus andern Verhältnissen heraus die Geldform sich gestaltet: Währung wird die vernünftige Einrichtung des gesamten Wirtschaftsorganismus durch dessen Verwaltung. Die Währungsfrage wird niemals ein Staat in befriedigender Art durch Gesetze lösen; gegenwärtige Staaten werden sie nur lösen, wenn sie von ihrer Seite auf die Lösung verzichten und das Nötige dem von ihnen abzusondernden Wirtschaftsorganismus überlassen." (Rudolf Steiner, GA 23, S. 132 f.).

Die gegenwärtig viel diskutierte Tobin-Steuer sowie der "Carrying costs" (Durchhaltekosten)-Ansatz von J.M. Keynes könnten erste Schritte zu einem alternden Gelde sein. Die gegenwärtige Inflation reicht hierzu nicht aus, da sie teils niedriger ist, als das gleichzeitige Wirtschaftswachstum. In wirtschaftlichen Versuchen, z.B. nach Silvio Gesell wurde nachgewiesen, dass das "Alternde Geld" grundsätzlich realisierbar ist. Gegenwärtig gibt es solche Ansätze aber nur in Komplementärwährungen in konkreter Umsetzung.
Derzeit erheben auch einige Schweizer Banken einen Negativzins auf Spareinlagen wegen der starken Valuta-Aufwertung des Schweizer Frankens. Diese Lösung passt auf die besonderen Schweizer Verhältnisse, da die Schweiz als Steueroase gilt. Eine Folge des Negativzinses ist die resultierende steigende Konsumneigung, welche die Wirtschaft anzukurbeln geeignet ist.

Wahre Geldwertstabilität

Die gegenwärtige Weltwirtschaft wird beherrscht von ihrem durch sämtliche Staaten vagabundierenden, anonymen, gesichtslosen Kapital. Dieses türmt sich auf zu gigantischen Spekulationsblasen. Es ist immer und jederzeit auf der Suche nach dem schnellsten und zugleich höchstmöglichen Profit. Dies nennt man auch Kasinokapitalismus.
Im heilsamen sozialen Organismus aber muss die Währung einen tatsächlichen Gegenwert repräsentieren – sie darf nicht losgelöst existieren von der Sphäre der Warenzirkulation.
„Und so werden wir finden, dass auf diesem, ich möchte sagen, die fliegende Buchhaltung der Weltwirtschaft darstellenden Geld, so etwas Ähnliches wird stehen müssen wie auf einer so und so viel Quadratmeter großen Bodenfläche herstellbarer Weizen, der dann mit den anderen Dingen verglichen wird. (...) Damit haben Sie zurückgeführt die Währung auf die brauchbaren Produktionsmittel, an denen körperliche Arbeit geleistet wird – Produktionsmittel irgendeines Wirtschaftsgebiets -, und das ist die einzige gesunde Währung: die Summe der brauchbaren Produktionsmittel." (Rudolf Steiner, GA 340, S. 209 – 210).
Auch der auf die Arbeit angewandte Geist, der das Kapital bildet, darf nicht völlig losgelöst wirtschaften von der real vorhandenen Warenmenge.

Daher sind Tauschringe und Komplementärwährungen bei den Menschen auch so beliebt, denn sie behalten immer den konkreten Bezug zu den Waren und Dienstleistungen, aus denen sie hervorgegangen sind.

Literatur

* Rudolf Steiner: "Die Kernpunkte der Sozialen Frage", GA 23, (1976)
* Rudolf Steiner: "Die Befreiung des Menschenwesens als Grundlage für eine soziale Neugestaltung. Altes Denken und neues soziales Wollen.", GA 329, (1985)
* Rudolf Steiner: "Nationalökonomischer Kurs", GA 340, (1979)
* Hans Georg Schweppenhäuser: "Das kranke Geld. Vorschläge für eine soziale Geldordnung von morgen", Fischer TB, Frankfurt a.M. 1982
* Dieter Suhr: "Alterndes Geld. Das Konzept Rudolf Steiners aus geldtheoretischer Sicht", Novalis Vlg., Schaffhausen 1988
* "Wesen und Funktion des Geldes", Sozialwissenschaftliches Forum Band 3, Vlg. Freies Geistesleben, Stuttgart 1989
* "Mehr als Geld - Wirtschaft gestalten", Flensburger Hefte 111, Flensburger Hefte Vlg., Flensburg 2011
* Günter Hoffmann: "Tausche Marmelade gegen Steuererklärung", Piper Vlg., München 1998
* Margrit Kennedy: "Geld ohne Zinsen und Inflation - Ein Tauschmittel das jedem dient", Goldmann Vlg., München 1991

Weblinks

* http://www.badische-zeitung.de/nachrichten/wirtschaft/manch-schweizer-sparer-muss-jetzt-zinsen-zahlen--49639575.html Schweizer zahlen Negativzins

Atomkraft – eine unheilvolle Energieform ohne Zukunft

Die Nuklearenergie, auch Atomkraft oder Kernkraft genannt, birgt unzählige Risiken. Ihre dauerhafte Bändigung scheint ein Ding der Unmöglichkeit zu sein.

"Wir können nie mit dem Abgrund um die Wette laufen. Da sind wir stets die Verlierer. Deshalb wäre es angebracht, die etwas erstaunliche Formulierung von der Atomkraft als der "unmöglichen Möglichkeit" zu gebrauchen. Das bedeutet: Sie zerstört, wofür sie dienen soll. (...) Bei der Natur bildet die Radioaktivität eine Grenze. Für uns sollte sie das auch sein. Jeder Verstoß rächt sich mit größter Heftigkeit. Dessen Inkarnation ist ein Atomzerstörungskraftwerk. Es kann als Ahrimanburg gelten. Außen erscheint sie nackt, grau und kalt. Innen herrscht eine verschlingende untersinnliche Glut. Keine Verwandlung geschieht, sondern eine Vernichtung. Alles muss hinter dicke, verbergende Mauern. Eine Korruption bis in die Materie hinein wird praktiziert." (Lit.: A. Kimpfler, S. 70 – 71).

"Walther Cloos (1900–1985), Verfasser der «Kleinen Edelsteinkunde» (1956), stellte in den «Mitteilungen aus der anthroposophischen Arbeit in Deutschland», Nr. 148, Johanni 1984, S. 116–117, Zitate Rudolf Steiners zur Radioaktivität zusammen und versuchte anschließend daraus zu begründen, dass Radioaktivität eine Keimkraft des Mineralischen sei." (Lit.: H. Keimeyer).

Diese Auffassung ist aber falsch.

"Man hat die physische, die astralische Welt, das untere Devachan und das obere Devachan. Wenn man nun einen Körper noch weiter hinunterdrückt als zur physischen Welt, dann kommt man in die unterphysische Welt, in die unterastralische Welt, das untere oder schlechte Unterdevachan und das untere oder schlechte Oberdevachan. Die schlechte Astralwelt ist das Gebiet des Luzifer, das schlechte untere Devachan ist das Gebiet des Ahriman und das schlechte obere Devachan ist das Gebiet der Asuras. Wenn man den Chemismus noch weiter hinunterstößt als unter den physischen Plan, in die schlechte untere devachanische Welt, entsteht Magnetismus, und wenn man das Licht ins Untermaterielle stößt, also um eine Stufe tiefer als die materielle Welt, entsteht die Elektrizität. Wenn wir das, was lebt in der Sphärenharmonie, noch weiter hinabstoßen bis zu den Asuras, dann gibt es eine noch furchtbarere Kraft, die nicht mehr lange wird geheim gehalten werden können. Man muß nur wünschen, daß wenn diese Kraft kommt, die wir uns viel, viel stärker vorstellen müssen als die stärksten elektrischen Entladungen, und die jedenfalls kommen wird - dann muß man wünschen, daß, bevor diese Kraft der Menschheit durch einen Erfinder gegeben wird, die Menschen nichts Unmoralisches mehr an sich haben werden!" (Lit.: GA 130,102f)

Aus anthroposophischer Sicht lässt sich folgern, dass die Nuklearenergie, selbst wenn man sie als "Dritte Kraft" (Rudolf Steiner) begreift, für die gegenwärtige Menschheit nicht beherrschbar ist.

Noch zehntausende Jahre wird der Müll der sogenannten Kernkraft-Anlagen strahlen. Daher geschieht die jetzige zivile (und militärische) Nutzung der "'Atomkraft'" auf Kosten fast aller weiteren Generationen der Menschheit, insoweit sie sich noch materiell inkarnieren muss.

Wenn zum Teil in anthroposophischem Schrifttum bspw. bei Uhlenried gar geäußert wird, "westliche Atomkraftwerke seien sicher" und eine " Endlagerung des Atommülls in Salzstöcken sei unbedenklich", so ist dies ganz und gar verantwortungslos.

Wie die aktuelle Situation nach Tschernobyl und Fukushima zeigt, gehen von havarierten Atomanlagen selbst noch Jahrzehnte nach dem jeweiligen Ereignis erhebliche Gefahren aus. Bewohnte Gegenden um das havarierte Kernkraftwerk müssen dauerhaft evakuiert werden und eine Rückkehr der Menschen in die verstrahlten Gebiete ist oft nicht möglich. Wenn von einzelnen Regierungen, auch in Europa, nach den bislang bekannten Unfällen in Atomkraftwerken, noch weiterhin auf diese Energieform gesetzt wird, so ist das sträflich leichtsinnig und in höchstem Maße unverantwortlich.

Literatur

* Rudolf Steiner: "Das esoterische Christentum und die geistige Führung der Menschheit", GA 130, Dornach 1995
* Anton Kimpfler: "Okkulte Umweltfragen", Anders Leben Verlag, Wies/Südschwarzwald 1982, S. 70 - 71
* Georg Unger: "Kernenergie und Geisteswissenschaft". Dornach/Schweiz : Philosophisch-Anthroposophischer Verlag, Dornach 1979
* Hermann Keimeyer: "Ist Radioaktivität eine Keimkraft des Mineralischen?" In: Aus den: AVS-Mitteilungen in Nr. 115, Michaeli 2003 (AVS = Anthroposophische Vereinigung in der Schweiz)
* Karl-Heinrich M. Uhlenried, "«Kernenergie und 'Dritte Kraft'»", Lochmann Vlg., Basel 2002
* Georg Blattmann: "Strahlende Materie", Urachhaus Vlg., Stuttgart 1981
* Georg Blattmann: "Radioaktivität - Die Erde offenbart ihr Geheimnis", Urachhaus Vlg., Stuttgart 1988
* Michael Heinen-Anders: "Aus anthroposophischen Zusammenhängen", BOD, Norderstedt 2010, S. 56 und S. 103 - 104
* Die Drei - Zeitschrift für Wissenschaft, Kunst und soziales Leben, Sonderheft: "Das Problem der Kernenergie und der radioaktiven Schädigung von Mensch und Umwelt. Fakten - Analysen - Perspektiven", Juli 1986
* Zeitschrift INFO 3 - Anthroposophie im Dialog: "Wendepunkt Japan. Wahrnehmungen einer Zäsur", Nr. 4, April 2011
* Flensburger Hefte, Sonderheft 29: "Die Warnung von Fukushima", Flensburg 2011
* Holger Strohm: "Friedlich in die Katastrophe. Eine Dokumentation über Atomkraftwerke", Hamburg 1973, Frankfurt/Main 1981, 1986

DER KATHOLIZISMUS ALS VERHINDERUNGSIMPULS

Wie Rudolf Steiner bereits in "Das Christentum als mystische Tatsache und die Mysterien des Altertums" (GA 8) schreibt muss das Christentum verstanden werden aus den alten Mysterien heraus, als eine Erneuerung der alten Mysterien, mit des Christus ICH-Geburt.

Insofern war der Konstantinismus - denn Konstantin war ja nicht eingeweiht - eine Veräußerlichung des Mysterienwesens in der Gestalt des katholischen Meßopfers. Dennoch konnte dieses Meßopfer als Mysterienvorgang noch verstanden werden, wenn man den Zusammenhang mit den Mithras-Mysterien und den eleusinischen Mysterien hatte, als etwas was den Menschen persönlich angeht - in voller Geistes-Einsamkeit - und was einem den Weg zu einer Erkenntnis des lebendigen Christus, wie er von Paulus erlebt werden konnte, ermöglichte.

Indem aber durch Konstantin alle alten griechischen Lehren und Kulte umfassend ausgerottet wurden, also die bestehenden Mysterien, schaffte man die Grundlage beiseite, mit der auch das Christentum selbst hätte tiefer verstanden werden können. Das Christentum wurde zur Staatsreligion und untermauerte in seiner Ausgestaltung als Katholizismus denn auch mehr und mehr die alten Herrschaftsimpule des dekadent gewordenen Cäsarentums. Dieser Herrschaftsimpuls ging später auf das „Heilige römische Reich deutscher Nation" über.

Insofern ist Rudolf Steiners Aussage denn auch nur folgerichtig: "Aber so wie das erste Mysterium von Golgatha vollzogen wurde in Palästina, so wurde das zweite vollzogen durch den Konstantinismus. Denn indem man die Mysterien ausgerottet hat, wurde der Christus als historische Erscheinung zum zweitenmal gekreuzigt, getötet." (R. Steiner, Bausteine zu einer Erkenntnis des Mysteriums von Golgatha, GA 175, Fünfzehnter Vortrag vom 24.04.1917, S. 334).

Ähnliches geschah ja auch mit dem Tode der Hypatia, was Rudolf Steiner in "Okkulte Geschichte" (GA 126) wiedergibt.

Auch sie wurde - als letzte Vertreterin der alten Weisheit - vom unwissenden Volke, vom christlichen Pöbel, nach Hetzreden der christlichen Bischöfe gegen sie, buchstäblich zerrissen, d.h. getötet. Durch das Ausrotten der alten Weisheit ging aber dem Christentum seine geistige Nahrung, sein "Manna" verloren, welches notwendig gewesen wäre, um es vertieft und wahrhaft verstehen zu können.

Der Katholizismus ist mithin als Verhinderungsimpuls zu verstehen: nämlich als Verhinderer einer lebendigen Beziehung zum Christus-Impuls.

Hypatia war einem Hinweis Rudolf Steiners zufolge, eine frühere Inkarnation der Marie Steiner-von Sivers. Ihr damaliger Gegenpart, der Bischof Kyrillos soll nach Angaben von Hermann Keimeyer eine frühere Inkarnation von Albert Steffen gewesen sein – so erklärt sich auch die spätere Polarität der beiden im Vorstand der Allgemeinen Anthroposophischen Gesellschaft, nach Rudolf Steiners Tod.

Pietro Archiati bringt es auf den Punkt, wenn er das Versagen der römisch-katholischen Staatskirche wie folgt beschreibt: „Kaum etwas könnte geeigneter sein, das Wesen des petrinischen Christentums in seinem Gang in den Materialismus zu veranschaulichen, als die drei letzten Dogmen, die in der katholischen Kirche proklamiert worden sind: die unbefleckte Empfängnis der Maria, die Unfehlbarkeit des Papstes und die Himmelfahrt der Maria mit Leib und Seele." (Lit.: Pietro Archiati, Christentum oder Christus? S. 70).

Diese Dogmen zeigen, dass die katholische Kirche vom herrschenden neuzeitlichen Materialismus wie zerfressen ist. Wenn man dazu noch bedenkt, dass das Konzil von 869 dazu geeignet war den Geist abzuschaffen, was u.a. dann auch die Trennung in Ostkirche und Westkirche zur Folge hatte, dann bleibt nur noch festzustellen: „Eine Institution, die von einem gewissen Geist als ihrer Seele durchtränkt war, kann als Institution, wenn sie sich erhält, nur für das Vergangene kämpfen. Von der katholischen Kirche zu verlangen, dass sie für das Zukünftige kämpft, wäre eine Torheit. Denn nicht dieselbe Institution kann den Geist der fünften nachatlantischen

Periode tragen, welche den der vierten getragen hat." (Lit.: Rudolf Steiner, „Heilfaktoren für den sozialen Organismus", GA 198, Vortrag vom 3. Juni 1920).

Somit wundert es auch nicht, wenn die Seherin **Verena Staël von Holstein** zu folgender Betrachtung des Wesens der „Ecclesia" (also des verkörperten Geistes der katholischen Kirche) kommt: „Inzwischen sieht die Ecclesia aus wie ein Geier. Sie hat sich sehr gewandelt. Sie ist noch sehr mächtig, ein ganz großes Wesen. Dieses Wesen ist aber nicht mehr weiß. Es hat noch weiße Federn, aber es hat deutlich graue Züge inzwischen. Es sieht aus wie ein Geier und hat blutige Krallen. Es ist eine reale Gottheit." (Lit.: Flensburger Hefte Nr. 108, S. 109).

== Literatur ==

- Rudolf Steiner: Das Christentum als mystische Tatsache und die Mysterien des Altertums, GA 8, Rudolf-Steiner-Verlag, Dornach 1989
- Rudolf Steiner: Bausteine zu einer Erkenntnis des Mysteriums von Golgatha, GA 175, Rudolf-Steiner-Verlag, Dornach 1996
- Rudolf Steiner: Heilfaktoren für den sozialen Organismus, GA 198, Rudolf-Steiner-Verlag, Dornach 1984
- Rudolf Steiner: Okkulte Geschichte, GA 126, Rudolf-Steiner-Verlag, Dornach 1992
- Pietro Archiati: Christentum oder Christus?, Verlag am Goetheanum, Dornach 1995
- Flensburger Hefte Nr. 108: Kultus – Ursprung – Gegenwart – Zukunft, Flensburger Hefte Verlag, Flensburg 2010
- Renate Riemeck: Glaube – Dogma – Macht. Geschichte der Konzilien, Urachhaus Vlg., Stuttgart 1985

Zyankali – ein Bringer des zweifachen Todes auch für die Opfer des Holocaust?

Seitens der Nationalsozialisten wurde Zyklon B (Zyankali) zur Vernichtung der Juden in den Gaskammern der Konzentrationslager eingesetzt.

Die Vergiftung mit Zyankali hat schwere Folgen für die nachtodliche Fortexistenz. Rudolf Steiner sagte dazu folgendes:

"Und das Schlimme ist, daß immer Gefahr vorhanden ist, wenn einer sich mit Zyankali vergiftet, daß das die Seele mitnimmt und der Mensch, statt daß er in der Seele weiterleben könnte, überhaupt in der ganzen Welt verteilt wird und namentlich im Sonnenlicht verteilt wird.

Wenn anthroposophische Erkenntnisse sich verbreiten würden, so würde sich kein Mensch mehr mit Zyankali vergiften. Es würde ihm gar nicht einfallen! Daß Vergiftungen mit Zyankali eintreten, das ist nur die Folge der materialistischen Weltanschauung, weil die Menschen glauben: tot ist tot, ganz gleichgültig, ob man durch Zyankali den Tod erleidet oder durch die innere Auflösung. Das ist aber nicht gleichgültig! Wenn man durch die innere Auflösung den Tod erleidet, dann haben Seele und Geist den gewöhnlichen Weg zu gehen in die geistige Welt hinein; sie leben eben weiter. Wenn Sie aber durch Zyankali sich vergiften, dann hat die Seele die Absicht, überall mit jedem Körperteilchen mitzugehen, und namentlich sich auszubreiten im Stickstoff und sich aufzulösen im Weltenall. **Das ist der wirkliche Tod von Seele und Geist.**" (Lit.: GA 351, Zweiter Vortrag).

Der jüdische Esoteriker und Rabbi Yonassan Gershom ist allerdings gegenteiliger Meinung, zumindest für die jüdischen Opfer des Holocaust kann nach seiner Auffassung keine solche Folge eintreten, da es sich nicht um Selbstmord handelte:

"Der Gebrauch des Reflexivpronomens «sich» – sich vergiften – heißt für mich, dass an dieser Stelle von Selbstmord und nicht von einem Mordopfer in einer Gaskammer die Rede ist. Beachten Sie auch, dass Steiner im selben Abschnitt sagt, die Seele, die sich mit Zyankali vergiftet, hat die Absicht, sich im Weltenall aufzulösen. Auch dies weist auf Selbstmord hin, nicht auf Mord.

In meiner Tätigkeit als Rabbi hatte ich mit selbstmordgefährdeten Menschen zu tun, die nicht nur sterben, sondern ihre Existenz ganz auslöschen wollten. Tatsächlich glauben Menschen, die Selbstmord begehen wollen, nicht an ein Leben nach dem Tod und erwarten, dass ihr individuelles Bewusstsein aufhört, wenn sie sich getötet haben. Es gibt Menschen, die in ihrer tiefen Niedergeschlagenheit wirklich wünschen, ihre Seele möge sich für immer im Weltall auflösen. So jemand könnte zu Zyankali greifen, weil es schnell wirkt und sicher zum Tod führt.

Die Holocaust-Opfer hingegen, die durch Zyklon-B-Gas (das Zyankali enthält) getötet wurden, verübten nicht Selbstmord und wollten auch nicht sterben. Sie hatten den verzweifelten Willen, mit allen Mitteln zu überleben, und sie gelobten, der Welt zu berichten, was geschehen war. So stark war dieser Wille, dass sie oft so schnell wie möglich wiedergeboren werden wollten, mit intakten Erinnerungen an den Holocaust. Jene, die nicht unmittelbar wiedergeboren wurden, blieben manchmal in der Gegend der Greueltaten an die Erde gebunden – auch wieder um Zeugnis abzulegen. Andere Holocaust-Opfer betrachteten ihren Tod als Kiddusch ha-Shem (eine jüdische Form von Martyrium durch Verfolgung) und erwarteten, direkt in den Himmel zu gelangen. Aber nirgends finden wir in den Annalen des Holocaust Berichte von Juden, die, nachdem sie ermordet worden waren, ihre ewigen Seelen im Weltall auflösen wollten. Steiners Aussage über Zyankali gilt nicht für die Opfer des Holocaust.

Hingegen besteht die schauerliche Möglichkeit, dass die Nazis genau deshalb Zyankali verwendeten, weil sie damit außer den Körpern auch die Seelen der Juden zu zerstören hofften." (Lit.: Yonassan Gershom, Vorwort).

Dieses Wissen um die Wirkung des Zyankali wird allerdings - wenn überhaupt - nicht bei allen Nationalsozialisten verbreitet gewesen sein, denn auch der SS-Chef Heinrich Himmler tötete sich selbst durch Zyankali, obwohl er an die Wiedergeburt geglaubt haben soll.

== Literatur ==

* Rudolf Steiner: "Mensch und Welt. Das Wirken des Geistes in der Natur. Über das Wesen der Bienen", (GA 351), Dornach 1999
* Yonassan Gershom: "Kehren die Opfer des Holocaust wieder?", Vlg. am Goetheanum, Dornach 1997

Ist der ‚Kosmische Sternentanz' von Dr. Robert Powell eine Erneuerung der Eurythmie?

Vorweg sei gesagt, dass gegen neuere Formen des sakralen Tanzes, wie den ‚Choreocosmos', den ‚kosmischen Sternentanz' nach Dr. Robert Powell nicht von vorne herein eingewandt werden sollte, sie seien nicht von Rudolf Steiner geschaffen und damit un-anthroposophisch.

Wenn aber Dr. Robert Powell mit dieser neueren Bewegungskunst antritt, um die Eurythmie, wie sie von Dr. Rudolf Steiner und Marie Steiner aus okkulter Lebenspraxis heraus geschaffen wurde, vollständig umzukrempeln oder sich gar anschickt ihr den Rang als moderne Bewegungskunst streitig machen zu wollen, dann muss genauer hingeschaut werden, was die wahren Intentionen von Dr. Robert Powell zu dieser ‚Erneuerung' sind – selbst, wenn ihm dies möglicherweise gar nicht bewusst ist.

Vorausgesetzt also, dass dies Robert Powell und seinen Schülerinnen, wie Gudrun D. Gundersen, möglicherweise gar nicht bewusst ist, sei gesagt, dass schon so manche ‚Modebewegung' in okkultistischen Zirkeln reüssierte, dass aber nahezu alles, was etwa von Aleister Crowley, Charles Leadbeater und anderen an Neuerungen in die Esoterik eingebracht wurde, von zweifelhaftem Wert ist und mitunter gar ausgesprochen antichristliche Züge annimmt.

Nur ein so hoher Eingeweihter wie Rudolf Steiner (‚Meister Jesus') vermochte es, jenseits der wechselnden Moden und Meinungen, kulturelle Impulse von zivilisatorischer Relevanz zu kreieren, die noch bis an das Ende unserer gegenwärtigen Kulturepoche geistig wirksam sind und gleichzeitig das ‚Manna' der zukünftigen slawischen Kulturepoche zu bilden vermögen.

Zu erwähnen sei, dass Dr. Robert Powell mit dieser vermeintlichen Neuerung lediglich im geheimen wirksame amerikanisch-angelsächsische Logenimpulse verstärkt, die das Werk Rudolf Steiners am liebsten austilgen wollten – und immer wenn das nicht möglich ist, angebliche Neuerungen dieses Werks zu kreieren suchen, die wie im Falle von Ken Wilber (im Zusammenwirken mit der Zeitschrift INFO 3) dem anthroposophischen Impuls geradezu entgegengesetzt sind, ohne dass dies dem unbedarften anthroposophischen Publikum auf Anhieb auffallen muss.

Selbst wenn Dr. Robert Powell möglicherweise die besten Intentionen hatte, als er diese vermeintlich notwendige Neuerung entwickelte, so ist es nicht weiter verwunderlich, dass diese aus der geistigen Welt heraus, wie Hermann Keimeyer erfahren musste, durch Rudolf Steiner und Marie Steiner als Fehlentwicklung beurteilt werden musste.

Es macht daher keinen Sinn diesem Irrweg weiter zu folgen, mögen auch Fürsprecherinnen, Dr. Robert Powells, wie Gudrun D. Gundersen noch so sanfte Schalmeientöne erklingen lassen – es ändert nichts am geisteswissenschaftlichen Unwert dieser vermeintlichen Neuerung.

Karmische Gruppierungen innerhalb der Anthroposophischen „Bewegung"

Oft erhebt sich die Frage, weshalb soviel Streit innerhalb der Anthroposophischen Gesellschaft und der Anthroposophischen Bewegung existiert. Rudolf Steiner warnte noch vor seinem Lebensende vor diesen Streitigkeiten, die bspw. dazu führten, dass sich der von Rudolf Steiner selbst eingesetzte erste Vorstand der Allgemeinen Anthroposophischen Gesellschaft (AAG) so vollends zerstritt, als dass an eine gedeihliche Zusammenarbeit nicht mehr zu denken war.

So groß die Krise nach Rudolf Steiners Tod in Gesellschaft und Bewegung auch war, die Streitigkeiten existieren dennoch trotz scheinbarer Einigungen unter den Mitgliedern bis zum heutigen Tage weiter fort.

Auf eine mögliche Erkenntnisleistung jedes Anthroposophen in seinen jeweiligen Zusammenhängen wies Rudolf Steiner denn auch zeitlebens hin. Er solle lernen und erkennen "aus welcher Geistesströmung" er stamme. Die Zusammenarbeit würde dann leichter werden innerhalb der Anthroposophischen Bewegung und der Anthroposophischen Gesellschaft.

Zwei Autoren haben sich der Mühe unterzogen, diese Geistesströmungen von denen Rudolf Steiner sprach zu identifizieren und handhabbar zu machen im Sinne einer besseren Zusammenarbeit aller Anthroposophen.

Wenngleich beide Ansätze sich unterscheiden, so ist damit doch eine Grundlage für die weitere karmische Forschung innerhalb der Anthroposophie und ihrer Geisteszusammenhänge gegeben.

Zunächst diktierte Bernard Lievegoed an seinem Sterbebett dem damaligen Journalisten Jelle van der Meulen sein geistiges Vermächtnis in die Feder. Das daraus entstandene Buch "Über die Rettung der Seele" erschien erst posthum, nach Lievegoeds Ableben.

In diesem Werk stellt Bernard Lievegoed drei anthroposophische Strömungen einander gegenüber, die von dreien unterschiedlichen Geistesführern inspiriert seien.

Da ist zunächst Rudolf Steiner selbst. Ihm rechnet Lievegoed die anthroposophische Strömung im engeren Sinne zu. Dann ist da weiterhin Christian Rosenkreuz, ihm rechnet Lievegoed die rosenkreuzerische Strömung innerhalb der Anthroposophie zu. Schließlich erwähnt Lievegoed als dritte Geistesströmung die dem Begründer des Manichäismus, Mani, zuzuordnende anthroposophische Strömung.

Den drei Strömungen lassen sich auch die Wesenselemente Denken, Fühlen und Wollen zuordnen.

So ist die anthroposophische Strömung im engeren Sinne eine dem Denken zugeordnete Strömung.

Die rosenkreuzerische Strömung wird beschrieben als eine dem Fühlen zugeordnete Strömung.

Die manichäische Strömung schließlich wird dem Wollen zugeordnet. Ihr besonderer Auftrag ist es das Böse durch Milde zu verwandeln.

Ganz anders ist hingegen der Ansatz von Malte Diekmann. Er stellt den Novalis-Seelen die Rosenkreuzer und diesen wiederum die Platoniker und Aristoteliker gegenüber.

Den Novalis-Seelen ordnet er die Qualitäten Astralleib/Luft zu, den Rosenkreuzern die Qualitäten Ich/Wärme, den Platonikern schließlich Ätherleib/Wasser und den Aristotelikern den physischen Leib und die Erde, als Zuordnungselemente. In Hinsicht auf die Novalis-Seelen ist es wichtig zu wissen, dass Rudolf Steiner in seinen späten Karma-Zyklen folgende Inkarnationsfolge vortrug:

Pinehas - Elias - Johannes der Täufer - Raffael - Novalis - Hermann Grimm. Auch die Kulmination der Aristoteliker und Platoniker und ihr notwendiges Zusammenwirken innerhalb der anthroposophischen Bewegung an der Jahrtausendwende wurde von Rudolf Steiner in seinen späten Karma-Zyklen ausgiebig thematisiert (Vgl. GA 235 - 239).

Addiert man die von Malte Diekmann und Bernard Lievegoed genannten karmischen Strömungen innerhalb der anthroposophischen Bewegung, so erhält man sechs unterschiedliche karmische Gruppen innerhalb der Anthroposophie. Folgt man Willi Seiß und konstatiert noch eine davon unabhängige christosophische Gruppierung innerhalb der anthroposophischen Bewegung, so erhält man die Zahl von sieben karmischen Strömungen innerhalb der Anthroposophie. Es ist aber die

Frage, ob eine solche summarische Betrachtung angesichts ihres Gegenstands zulässig ist.

Abzuwarten bleibt, welcher dieser Ansätze sich für die karmische Erkenntnispraxis als letztlich fruchtbar erweist.

Literatur

* Rudolf Steiner: "Esoterische Betrachtungen karmischer Zusammenhänge" Erster bis fünfter Band (GA 235 - 239), Dornach b. Basel (auch als TB-Ausgaben erhältlich)
* Bernard Lievegoed: "Über die Rettung der Seele. Das Zusammenwirken dreier großer Menschheitsführer", Vlg. Freies Geistesleben, Stuttgart 1994
* Malte Diekmann: "Der Kreis der Mysterienströmungen. Karmische Gruppen in der Anthroposophischen Gesellschaft und Bewegung", Vlg. am Michaelshof, Sammatz 2005
* Hans Peter van Manen: "Christussucher und Michaeldiener. Die karmischen Strömungen der anthroposophischen Bewegung", Philosophisch-Anthroposophischer Vlg., Dornach 1980
* Pietro Archiati: "Jahrtausendwende - Menschheit wohin?", Vlg. Freies Geistesleben, Stuttgart 1997
* Willi Seiß: "Okkulte Erkenntnisse über die Anthroposophische "Bewegung"", Achamoth Vlg., Taisersdorf 2004

ICHLOSE MENSCHEN

"Ichlose Menschen", also Menschenformen, die nur als Menschen in menschlicher Gestalt erscheinen, aber eigentlich keine Menschen sind, da sie kein menschliches Ich in sich tragen, sind ein Phänomen, über das zweifellos nur mit größter Vorsicht gesprochen werden kann. Doch handelt es dabei sich gerade in unserer Zeit um eine geistige Tatsache von größter Bedeutung, vor der man nicht ungestraft die Augen verschließen darf. Rudolf Steiner sah sich in den Konferenzen mit den Lehrern der Waldorfschule darum genötigt, darauf hinzuweisen, dass bereits seit den neunziger Jahren des 19. Jahrhunderts sehr viele ichlose Menschen geboren werden. Da in ihnen kein Ich im menschlichen Sinn wohnt, liegt hier keine Reinkarnation vor, sondern die Menschenform ist erfüllt von einem Naturdämon, von einem Elementarwesen, das als solches wahre moralische Verantwortung nicht übernehmen kann.

"Das sind diese Fälle, die immer häufiger vorkommen, daß Kinder geboren werden und Menschenformen da sind, die eigentlich in bezug auf das höchste Ich keine Menschen sind, sondern die ausgefüllt sind mit nicht der Menschenklasse angehörigen Wesenheiten. Seit den neunziger Jahren schon kommen sehr viele ichlose Menschen vor, wo keine Reinkarnation vorliegt, sondern wo die Menschenform ausgefüllt wird von einer Art Naturdämon. Es gehen schon eine ganze Anzahl alte Leute herum, die eigentlich nicht Menschen sind, sondern naturgeistige Wesen und Menschen nur in bezug auf ihre Gestalt. Man kann nicht eine Dämonenschule errichten." (Lit.: GA 300c, S 70).

Auf die Frage, wie so etwas überhaupt möglich sei, antwortete Rudolf Steiner:

"An sich ist nicht ausgeschlossen, daß im Kosmos ein Rechenfehler geschieht. Es sind doch lange füreinander determiniert die hinuntersteigenden Individualitäten. Es geschehen auch Generationen, für die keine Individualität Lust hat hinunterzukommen und sich mit der Leiblichkeit zu verbinden, oder die sie auch gleich am Anfang verlassen. Da treten dann andere Individuen ein, die nicht recht passen. Aber dies ist wirklich jetzt sehr häufig, daß ichlose Menschen herumgehen, die eigentlich keine Menschen sind, die nur menschliche Gestalt haben, naturgeistähnliche Wesen, was man nicht erkennt, weil sie in menschlicher Gestalt herumgehen. Sie unterscheiden sich auch sehr wesentlich von den Menschen in bezug auf alles Geistige. Sie können es zum Beispiel nie zu einem Gedächtnis bringen in den Dingen, die Sätze sind. Sie haben eigentlich nur Wortgedächtnis, kein Satzgedächtnis.

Die Rätsel des Lebens sind nicht so einfach. Wenn eine solche Wesenheit durch den Tod geht, dann geht sie zurück in die Natur, woher sie gekommen ist. Der Leichnam zerfällt; eine richtige Auflösung des Ätherleibes ist nicht da, und das Naturwesen geht in die Natur zurück.

Es könnte sein, daß irgendwie automatisch etwas geschehen könnte. Der ganze Apparat des menschlichen Organismus ist da. Man kann unter Umständen in den Gehirnautomatismen eine Pseudomoral züchten.

Man redet sehr ungern über diese Dinge, nachdem wir ohnedies vielfach gegnerisch angefallen werden. Denken Sie, was die Leute sagen, wenn sie hören, hier wird erklärt, daß es Menschen gibt, die keine Menschen sind. Aber es sind Tatsachen. Wir würden auch nicht solchen Niedergang der Kultur haben, wenn ein starkes Gefühl dafür vorhanden wäre, daß manche Leute herumgehen, die gerade dadurch, daß sie rücksichtslos sind, etwas werden, daß die keine Menschen sind, sondern Dämonen in Menschengestalt." (Lit.: GA 300c, ebd.).

Philosophisch gesprochen zielt Rudolf Steiner hiermit auf die dem menschlichen Individuum regulär zugehörige geistige Entität, philosophisch auch Entelechie genannt ab, welche so manchem heutigen Menschen in Gestalt des "Ich" tatsächlich fehlt. Dieses Ich strebt die Höherentwicklung des individuellen Menschen an und das wiederum ist den Ichlosen Menschen offensichtlich nicht möglich, da sie über kein entsprechendes "Geistorgan" (also kein "Ich") verfügen. Menschen ohne Ich und damit ohne geistige Entelechie sterben also tatsächlich mit dem Tod. Daher ist bei diesen Menschen der Widerwille gegen jede individuelle geistige Entwicklung und gegen den Gedanken von Reinkarnation und Karma praktisch vorprogrammiert, da ihnen dafür das entsprechende Geistorgan fehlt und da sie ja tatsächlich mit dem Tode endgültig aus dem Kosmos ausgetilgt werden.

"Fehlt das Ich, so wird etwas erscheinen, was keine seelischen Krisen durchmacht wie die des Trotzes des Dreijährigen, wie die der Pubertät und die der Ich-Geburt um das zwanzigste Lebensjahr. Einem solchen Menschen fehlen auch die Schicksalsschläge, die später folgen. Denn Krisen und Schicksalsschläge sind allein aus dem Ich zu erklären; sie sind notwendig, damit das Ich die von der Gesellschaft geprägten Seeleninhalte umarbeiten kann, wenn das für Ausbildung des Ich-Stiles notwendig wird. Einem ichlosen Menschen fehlen die Entwicklungskrisen, und es fehlt ihm vor allem der Antrieb zur Umarbeitung seiner von der Gesellschaft geprägten Seele. Ebenso geht ihm die Fähigkeit ab, sich seiner Seele gegenüber beobachtend zu verhalten. Er "ist" menschliche Seele, er ist kein Ich, das eine menschliche Seele "hat". Er ist ein offenes Revier für alle Wesen, die ihn ergreifen wollen. Er ist offen für alle Fundamentalismen, Nationalismen und Verlockungen der Werbung und der Medien. Er "ist" was die Prägungen aus ihm gemacht haben." (Lit.: Thomas Göbel, S. 83).

Wenn man "die äußerst heikle Frage möglicher "ichloser Menschen" (...) einmal berührt (hat)" (Lit.: Michael Heinen-Anders, S. 64), dann ist man auch verpflichtet dazu "Urteilsgrundlagen mitzuteilen" (Lit.: Michael Heinen-Anders, S. 64). So zählt zu einem der wesentlichen Erkennungsmerkmale ichloser Menschen, dass sie in der Regel bis ins hohe Alter ein jugendliches Aussehen bewahren. Da ihnen eine Inkarnationsseele aus vergangenen Leben fehlt, so kommt es im Rahmen der vorgeburtlichen Ohr-Bildung häufig zu einem Fehlen oder Verkümmern der Ohrläppchen.

Dies muss aber nicht immer so sein, da u.U. ein eigentlich für diesen Leib prädestiniertes Ich den Leib bereits übersinnlich bereitet hat, ihn aber aufgrund ungünstiger Umstände wieder verlassen muss. "So gibt es neuerdings Vorgänge, die die geregelte Inkarnation erschweren". (Lit.: Max Hoffmeister, S. 110). Da aber nun das Embryo schon vorgebildet ist, hat dieses entweder die Möglichkeit im Mutterleibe abzusterben oder aber eine ichlose Naturwesenheit ergreift diesen menschlichen Leib, um in ihm für die Dauer eines Menschenlebens statt eines ichhaften Geistwesens, gewissermaßen stellvertretend einzuwohnen.

An anderer Stelle hat Rudolf Steiner ein prominentes Beispiel gegeben, das ebenfalls in diese Richtung weist. Dort charakterisiert er Napoleon I. als Leib ohne Geist-Seele:

"Ich habe mir wirklich viel Mühe gegeben - manche wissen, wie ich da oder dort darüber eine Andeutung gegeben habe -, die Seele Napoleons zu finden. Sie wissen, solche Seelenstudien können in der mannigfaltigsten Weise mit den Mitteln der Geistesforschung gemacht werden. Sie erinnern sich, wie Novalis' Seele in früheren Verkörperungen gesucht worden ist. Ich habe mir redlich Mühe gegeben, Napoleons Seele, zum Beispiel bei ihrer Weiterwanderung nach Napoleons Tod, irgendwie zu suchen - ich kann sie nicht finden, und ich glaube auch nicht, daß ich sie je finden werde, denn sie ist wohl nicht da." (Lit.: GA 185, S 42). [[Hinsichtlich Napoleon hat sich Rudolf Steiner wohl später korrigiert]].

In gewissem Sinn hat schon Goethe dieses Phänomen der ichlosen Menschen im zweiten Teil seiner Faust-Tragödie angedeutet. Dort erscheint im dritten Akt Helena begleitet von einem Chor gefangener Trojanerinnen. Diese scheinen ihrer Gestalt nach Menschen zu sein, in Wahrheit aber sind sie, abgesehen von der Chorführerin Panthalis, in menschliche Hüllen gekleidete Elementarwesen. Als Helena am Ende wieder in der Unterwelt versinkt, gehen sie, die keinen Namen, d.h. kein Ich sich erworben haben, wieder in die das Reich der Elemente über, dem sie entstammen:

PANTHALIS. Wer keinen Namen sich erwarb noch Edles will,
Gehört den Elementen an: so fahret hin!
Mit meiner Königin zu sein, verlangt mich heiß;
Nicht nur Verdienst, auch Treue wahrt uns die Person. **Ab.**

ALLE. Zurückgegeben sind wir dem Tageslicht,
Zwar Personen nicht mehr,
Das fühlen, das wissen wir,
Aber zum Hades kehren wir nimmer!
Ewig lebendige Natur
Macht auf uns Geister,
Wir auf sie vollgültigen Anspruch.

Waren es in vorchristlicher Zeit vor allem luziferische
Elementarwesen, die sich in menschliche Hüllen kleiden konnten und
dadurch der Inkarnation Luzifers den Weg bahnten, so sind es heute
vorwiegend ahrimanische Elementarwesen, die in menschlicher
Gestalt erscheinen und dadurch die Inkarnation Ahrimans vorbereiten.
Man wird nicht fehlgehen, manche der schrecklichen Ereignisse, die
das 20. Jahrhundert geprägt haben, in dieser Richtung zu deuten.

Siehe auch: "Heuschreckenmenschen" und "Ohrläppchen".

Literatur

* Rudolf Steiner: "Geschichtliche Symptomatologie", GA 185, (1982), Zweiter Vortrag, Dornach, 19. Oktober 1918
* Rudolf Steiner: "Konferenzen mit den Lehrern der Freien Waldorfschule in Stuttgart. Dritter Band", GA 300c, (1995), Konferenz vom 5.7.1923
* Rudolf Steiner: "Apokalypse und Priesterwirken", GA 346, (2001), S. 184 - 187
* Rudolf Steiner: "Die neue Geistigkeit und das Christus-Erlebnis des zwanzigsten Jahrhunderts", GA 200, (2003), Vortrag vom 22.10.1920
* Michael Heinen-Anders: "Aus anthroposophischen Zusammenhängen", 3. Auflage, BOD, Norderstedt 2010, S. 63 - 64
* Thomas Göbel: "Die drei Arten des Bösen, die Würde des Menschen und ein Ausblick auf das neue Jahrhundert". In: Chiffren des 20. Jahrhunderts. Im Angesicht des Bösen. Herausgegeben von Thomas Göbel und Heinz Zimmermann, Vlg. Freies Geistesleben, Stuttgart 2000, S. 72 - 90; dort insbesondere S. 83
* Max Hoffmeister: "Die übersinnliche Vorbereitung der Inkarnation", Vlg. Die Pforte, Basel 1991

HEUSCHRECKENMENSCHEN

Der Terminus "Heuschreckenmenschen" wurde von Rudolf Steiner im sogenannten "Priester-Apokalypsekurs" (GA 346, S. 184 - 187) in Anklang an entsprechende Motive in der Apokalypse des Johannes benutzt und verweist auf Menschen, die der Reinkarnation nicht unterliegen: sogenannte Ichlose Menschen. Damit ist durch Rudolf Steiner eine von mehreren denkbaren Erklärungen für die derzeitige Überbevölkerung des Planeten Erde gegeben worden.

"Sie werden finden können, wie unter dem Hereinbrechen des <u>Materialismus</u>, sagen wir zum Beispiel, als der Kopernikanismus heranrückte, ein Drittel der Menschen eigentlich geistig getötet wurde, das heißt, aufhörte, volle Geistigkeit zu entwickeln. Und wirklich furchtbar erschütternd ist ja die in der Apokalypse geschilderte <u>Heuschreckenplage</u>.

Da kommen wir aber auf eine Sache, die man, ich möchte sagen, nicht gern sagt, die aber natürlich zu den Dingen gehört, die gerade in das Priesterwirken hereinschlagen. Diese <u>Heuschreckenplage</u> ist ja, vom reinen Bewußtseins Standpunkt aus gesehen, im allereminentesten Sinne schon eingetreten, nicht wahr, wenn wir theoretisch sprechen. Wenn wir zu Menschen sprechen, wo ja immer Gesundungen eintreten können bei kranken Verhältnissen, dann dürfen solche Dinge nicht erörtert werden; aber wenn es sich um priesterliches Wirken handelt, dann muß man doch wissen, mit wem man es bei den Menschen in der Regel zu tun hat. Es ist ja so, daß in der Regel ungeheure Fröhlichkeit besteht bei denen, die sich heute liberale oder demokratische Menschen nennen, wenn sie wieder und wieder anführen können, daß sich die Menschheit in einem bestimmten Gebiet der Erde so ungeheuer vermehrt. <u>Bevölkerungszunahme</u> ist ja das, was so stark ersehnt wird besonders von demokratisch-liberalen Menschen, ich meine im politischen Sinn, auch von allen, wie sie meinen, geistig frei Denkenden.

Nun, sehen Sie, erstens ist das nicht ganz richtig, weil die Statistiken auf Irrtümern beruhen; man nimmt bei den statistischen Vergleichsrechnungen nicht die ganze Erde, man nimmt immer nur ein Stück der Erde und denkt nicht daran, daß die anderen Teile der

Erde zu anderen Zeiten eben dichter bevölkert waren als heute. Es ist also im einzelnen nicht immer ganz richtig, aber im ganzen ist es schon richtig, daß in unserer Zeit eine Art überzähliger Menschen erscheinen, die ichlos sind, die keine Menschen in Wirklichkeit sind. Das ist eine furchtbare Wahrheit. Sie gehen herum, sie sind keine Inkarnationen eines Ich, sie werden hereingestellt in die physische Vererbung, bekommen Ätherleib und Astralleib, sie werden in gewissem Sinne innerlich ausstaffiert mit einem ahrimanischen Bewußtsein; sie machen den Eindruck von Menschen, wenn man nicht genau hinsieht, aber sie sind nicht im vollen Sinne des Wortes Menschen.

Das ist eine schreckliche Wahrheit, das ist vorhanden, das ist eine Wahrheit. Und direkt auf Menschen selber weist der Apokalyptiker hin, wenn er in der fünften Posaunenepoche von der Heuschreckenplage spricht. Und wiederum kann man den Apokalyptiker in seinem Schauen erkennen. Denn in ihrem astralischen Leib erscheinen solche Menschen durchaus so, wie sie der Apokalyptiker beschreibt: als ätherische Heuschrecken mit Menschengesichtern. Es ist durchaus so, daß man über solche übersinnlichen Dinge so zu denken hat, daß der Priester solche Dinge wissen muß. Denn er ist der Seelsorger. Er muß also auch die Worte finden können für alles das, was in einer solchen Seele vorgeht. Es brauchen durchaus nicht immer böse Seelen zu sein, es können eben Seelen sein, die bis zum Seelischen kommen, aber des Ichs entbehren. Man wird schon darauf kommen, wenn man auf diese Menschen stößt. Der Priester muß dies wissen, denn das beeinflußt ja die Gemeinschaft unter den Menschen. Und vor allen Dingen leiden diejenigen Menschen, die echt beseelt sind, von solchen Personen, die eigentlich als Menschen-Heuschrecken durch die Welt gehen. Und es kann und muß sogar die Frage entstehen: Wie hat man sich solchen Menschen gegenüber zu verhalten?

Solchen Menschen gegenüber hat man oftmals eine recht schwierige Aufgabe, weil sie durchaus tief fühlend sind; sie können außerordentlich tief fühlend sein, man merkt aber, es steckt nicht eine eigentliche Individualität in ihnen. Nur hat man ihnen das natürlich sorgfältig zu verbergen, daß keine Individualität in ihnen steckt, denn sonst wäre ja die notwendige Folge der Wahnsinn. Aber trotzdem man ihnen das zu verbergen hat, handelt es sich darum, daß man für solche

Seelen - Seelen sind es ja doch, wenn auch nicht Geister -, alles so eingerichtet, daß diese Menschen den Anschluß finden an andere Menschen, in deren Gefolge sie sich entwickeln können, daß sie also gewissermaßen Mitgehende dieser anderen werden. Diese Menschen zeigen eigentlich ziemlich genau die Natur und Wesenheit des Menschen bis zum zwanzigsten Lebensjahr. Denn beim zwanzigsten Lebensjahr wird ja erst die Gemüts- oder Verstandesseele geboren und damit die Möglichkeit des irdischen Auslebens des Ich gegeben.

Derjenige, der behaupten wollte, solchen ichlosen, individualitätslosen Menschen gegenüber solle man sich nicht teilnahmsvoll verhalten, da sie eine künftige Inkarnation nicht hätten, weil ja keine Individualität da sei, der irrt gar sehr. Er müßte dann auch behaupten, man solle sich den Kindern gegenüber nicht teilnahmsvoll verhalten. Es ist in jedem einzelnen Fall zu entscheiden, was eigentlich in einem solchen Menschen steckt. Manchmal stecken postume Seelen in solchen Menschen, postum gegenüber den Menschenseelen, die in einem bestimmten Zeitalter der Entwickelung entstanden sind und sich als Menschen immer wiederholt verkörperten. Aber es können auch zurückgebliebene Seelen sein, solche, die später von einem anderen Planeten wieder zurückgekommen sind, wohin in einem bestimmten Zeitalter fast die ganze Menschheit gegangen war. Auch solche Seelen können in solchen Menschenleibern stecken. Wir müssen also mit vollem Bewußtsein diese Menschen wie bleibende Kinder erziehen."
(Lit.: GA 346, S 184f)

== Literatur ==

* Rudolf Steiner: "Apokalypse und Priesterwirken", (GA 346), S. 184 - 187

OHRLÄPPCHEN – Die physiognomische Zeichensprache

"Es bedeutet viel für den Menschen, zu fühlen, daß alles, was uns äußerlich in der sinnlichen Welt, im sinnlich-sichtbaren Dasein entgegentritt, so erscheinen kann wie die äußere Physiognomie eines zugrunde liegenden unsichtbaren, übersinnlichen Daseins. Die Welt mit allem, was darinnen ist, wird ja schließlich dem, der die Anthroposophie ins Leben einführt, immer mehr und mehr ein physiognomischer Ausdruck des göttlich-geistig Wesenhaften, und wenn er die Welt des Sichtbaren um sich herum betrachtet, wird es ihm sein, wie wenn er von den Zügen eines Menschenantlitzes durchdringt zu dem Herzen, zu der Seele des Menschen." (Rudolf Steiner, GA 104, Vortrag vom 18.6.1908)

"Das Ohr ist ein Bild vergangener Erdenleben, zeigt Begabungen und Schwächen, die man von Geburt an mitbringt. Das Ohr ist das einzige physiognomisch wichtige Organ, das sich von Geburt an kaum verändert." (Rudolf Steiner). Auch der Physiognomieforscher Norbert Glas betont das: "Nur das äußere Ohr bleibt von Veränderungen durch das Leben fast ganz unberührt. Es ist als ein Bild des vergangenen Erdenlebens zu betrachten. Was jemand aus seiner Vergangenheit an Fähigkeiten in das neue Leben mitbringt, das vermittelt uns die Gestalt des Ohres." (Lit.: Norbert Glas, S. 28). Dabei kommt dem "Ohrläppchen" u. U. eine besondere Bedeutung zu.

"(Es ist) ganz selbstverständlich, dass in körperlichen Merkmalen nach der einen oder anderen Richtung hin Zeichen gefunden werden können. Es handelt sich ja darum, diese Zeichen in der richtigen Weise zu durchschauen. Gewiss ist ein "Ohrläppchen" unter Umständen außerordentlich charakteristisch (...), weil solche (...) Eigentümlichkeiten doch zusammenhängen mit dem Karma, das aber aus früheren Inkarnationen herüberwirkt." (Rudolf Steiner, GA 318, S. 13 - 14).

Das äußere Ohr ist nicht nur wichtig in seiner physiognomischen Bedeutung, es kann auch herangezogen werden für die Aussagen vom

Zusammenspiel der "Dreigliederung von Kopf (Nerven-Sinnes-System), der Körpermitte (rhythmisches System) und dem unteren Teil des Menschen (Stoffwechsel-Gliedmassen-System). Im oberen Teil des Ohres findet man die Anlage für das Nerven-Sinnesystem, die Kraft der Wahrnehmung, der Vorstellung und des Denkens. Im mittleren Abschnitt des äußeren Ohres finden sich die Kräfte von Atmung, der Blutzirkulation, den sensitiven Reizen und das "Fühlen". Der untere Teil des Ohres ("'Ohrläppchen'") weist auf die Kräfte des "Wollens" hin und gibt Erkenntnisse über den Stoffwechsel. In diese Richtung deutet auch das Sprichwort: "auf Herz und Nieren geprüft werden". Das Herz steht für die Gefühlskräfte, die Nieren stehen für die Willens- und Inkarnationskräfte. Letztere findet man in der Ohrenbildung als "Ohrläppchen" wieder.

In der tibetischen Medizin gilt die Niere als übersinnlicher Sitz der Inkarnationsseele. Als Karma-Träger der einstigen Lebenserfahrungen, die der Mensch in seinem Durchgang durch die Planetensphären vor der sogenannten "Weltenmitternachtsstunde" in der Mondensphäre zurückgelassen hat, gelten nach Dr. Guenther Wachsmuth im Rahmen einer gewaltigen Metamorphose die im Nieren-System, die im Milz-System und die im Leber-System aktiven übersinnlichen Kräfte. „Es gibt einen Zeitpunkt zwischen dem Tod und einer neuen Geburt, wo eine vollständige Umstülpung stattfindet, wo das Innere nach Außen gekehrt wird, wo sich das, was sich in unserem unteren Menschen als der Zusammenhang darstellte zwischen der Leber- und Milz-Organisation, umgestaltet in seiner ganzen Kraftstruktur zu demjenigen, was in uns ist als Gehör- (bzw. Ohr-) Organisation, wenn wir wiedergeboren werden." (Lit.: Guenther Wachsmuth).

"Für die traditionelle Medizin Chinas gilt das Ohr als Widerspiegelung der Niere und der äußere Gehörgang als die Öffnung der Nieren. Bestimmte Partien des Ohres werden zusätzlich bestimmten Organsystemen zugeordnet. Das Ohrläppchen entspricht danach der Niere" (Lit.: Michael Noack).

Es gibt auch eine Legende, nach der der Gautama Buddha von einem Besucher nach der Bedeutung seiner besonders langen "Ohrläppchen" gefragt wird und er diesem antwortet, dass die Ohrläppchen um so länger seien, je mehr Erdenleben "im Rad der Wiedergeburten" bereits zurückgelegt worden seien.

Der Physiognomieforscher Norbert Glas benutzt für die Ohrenbildung des ich-losen Menschen das Bild des Fauns. (Lit.: Norbert Glas, S. 32 - 33).

In Rudolf Steiners Werk ist aber keine abschließende Aufklärung über die Frage der "'Ohrläppchen'" zu finden, so dass die genannte Buddha-Legende und die weiteren Quellen nur als Anhaltspunkt zur Hypothesenbildung dienen können.

Falls die vorstehenden Ausführungen sich aus anthroposophischer Sicht bejahen ließen, so müssten die sogenannten Heuschreckenmenschen (Ichlose Menschen) als eines ihrer wesentlichen Erkennungsmerkmale - neben der Jugendlichkeit ihrer Gesichtszüge - in der Regel nur über verkümmerte bzw. keine "Ohrläppchen" verfügen, wie dies bspw. bei Bill Gates (der Begründer von Microsoft Inc.) und bei Philipp Rösler (ein führender deutscher FDP-Politiker) oder auch bei Rainer Maria Woelki, dem katholischen Kardinal von Köln der Fall ist, um nur einmal drei Prominente beispielhaft zu benennen.
Auch bei dem Oslo-Attentäter Anders Behring Breivik besteht der begründete Verdacht, dass es sich bei ihm um einen Heuschreckenmenschen handelt.

Literatur

* Rudolf Steiner: "Das Zusammenwirken von Ärzten und Seelsorgern. Pastoral-Medizinischer Kurs", GA 318, Dornach 1994
* Rudolf Steiner: "Die Apokalypse des Johannes", GA 104, Dornach 1985
* Guenther Wachsmuth: "Die Reinkarnation des Menschen als Phänomen der Metamorphose", Dornach 1983
* Norbert Glas: "Das Antlitz offenbart den Menschen. Eine geistgemäße Physiognomik, I. Band", Stuttgart 1992

Weblinks

* http://www.ak-ohrakupunktur.de/html/beitraege/ohrmassage.htm Michael Noack: Die Ohrmassage (in der Traditionellen Chinesischen Medizin)

* http://www.scribd.com/doc/29836709/Reinkarnation-d-Menschen-Dr-G-Wachsmuth Dr. Guenther Wachsmuth: Die Reinkarnation des Menschen als Phänomen der Metamorphose

Siehe auch

* Heuschreckenmenschen
* Ichlose Menschen

PENDEL

Neben dem Tarot wird in der zeitgenössischen Esoterik auch das **Pendel** als Hilfsmittel eingesetzt, etwa um geisteswissenschaftliche Forschungsergebnisse verifizieren oder erhärten zu können. In diesem Sinne wurde das **Pendel** z. B. von dem deutschen, mittlerweile verstorbenen, Anthroposophen Willi Seiß eingesetzt.

Das **Pendel** kann auch eingesetzt werden, um den spirituellen Entwicklungszustand eines Menschen beurteilen zu können:

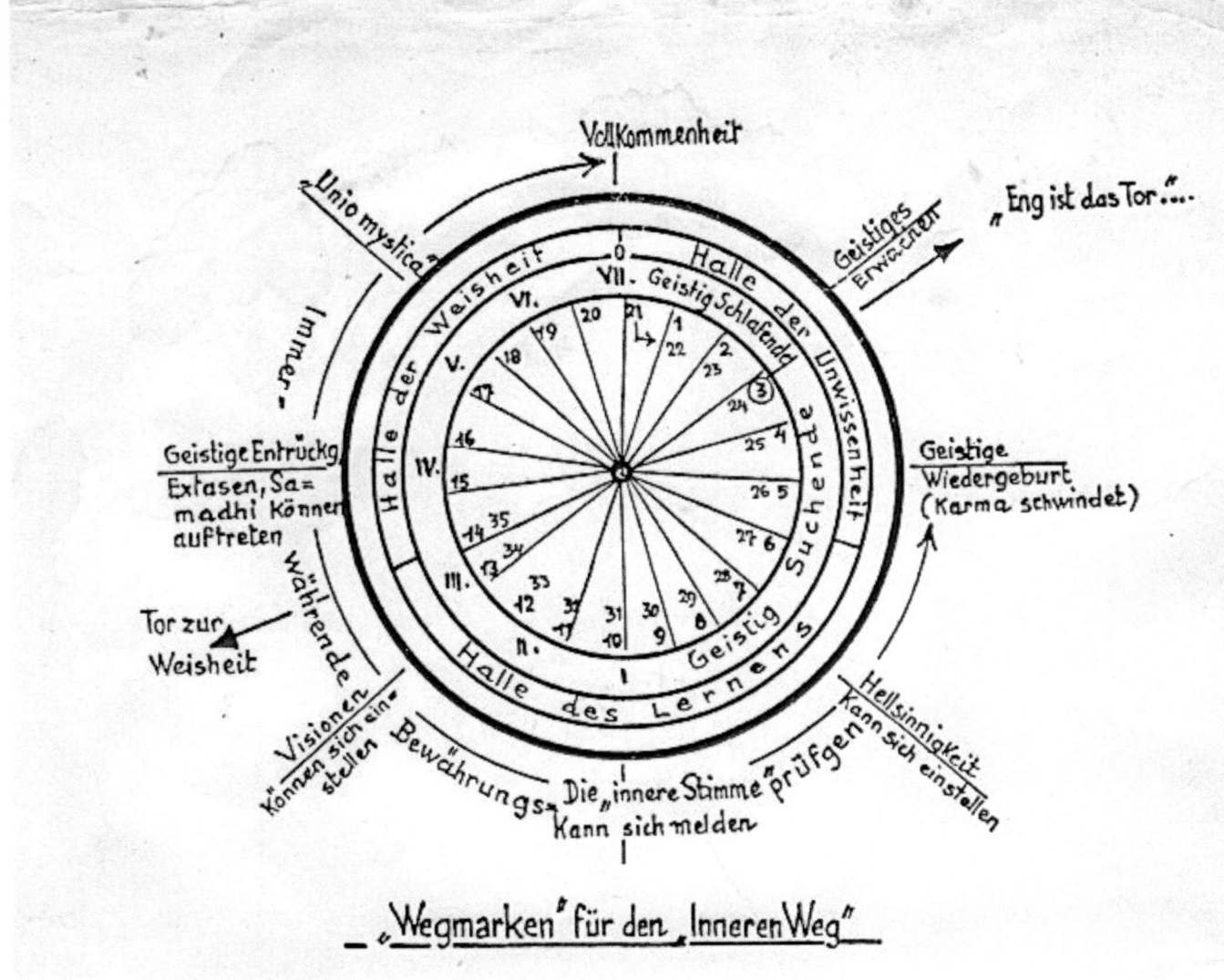

Hier kann der spirituelle Fortschritt für einen geübten Pendler - nicht aber für den Anfänger - sicher beurteilt werden.

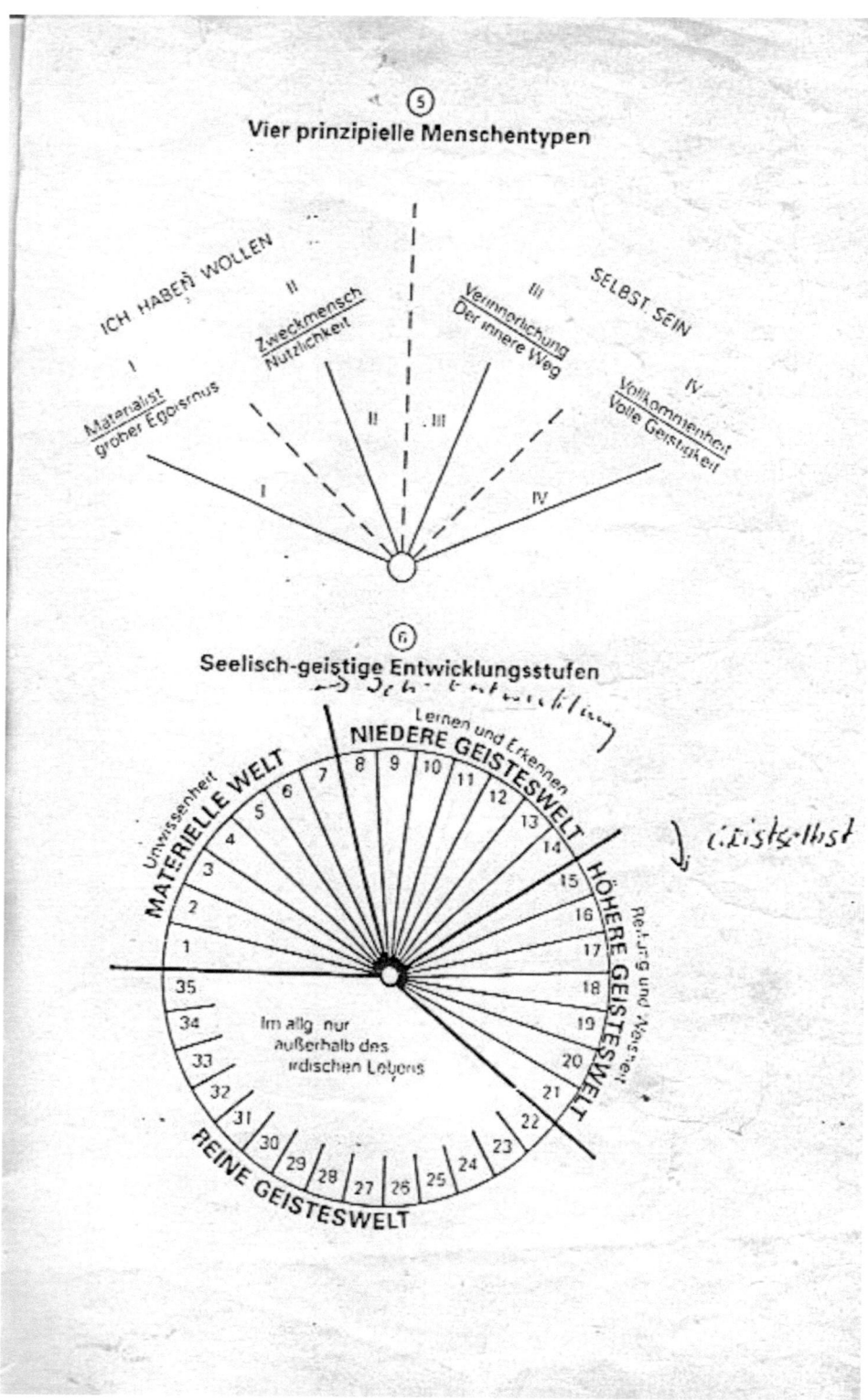

Hier kann die individuelle Entwicklungsrichtung für einen geübten Pendler - nicht aber für den Anfänger - sicher beurteilt werden.

Darüber hinaus sind für den sehr versierten, also außergewöhnlich geübten Pendler auch Aussagen über <u>Ichlose Menschen</u> (<u>Heuschreckenmenschen</u>) möglich. Vorausgesetzt wird hierbei, dass die Person über welche eine Aussage getroffen werden soll um einiges älter als 21 Jahre ist. Das Pendel bleibt in dem Falle bei der Pendelkarte "Wegmarken..." auf der Nulllinie, während es auf der Pendelkarte der "Seelisch-geistigen Entwicklungsstufen" auf der Skala unterhalb bis maximal unmittelbar auf der 7-er Linie bleibt. Voraussetzung dazu ist, dass man sich ganz tief meditativ in die jeweils zu beurteilende Person versenkt. Ein Photo dieser Person erleichtert das ganze Prozedere.

Die ersten Keime eines Geistselbst (Manas) lassen sich für den geübten Pendler ebenfalls feststellen. Das Pendel bewegt sich in diesem Falle über die Stufe 14 der Pendelkarte "Seelisch-geistige Entwicklungsstufen" hinaus. Auch hier gilt: Voraussetzung dazu ist, dass man sich ganz tief meditativ in die jeweils zu beurteilende Person versenkt. Ein Photo ist gleichfalls von Vorteil.

Nicht jeder Pendler darf das Gebiet des geistigen oder spirituellen Pendelns betreten. Die rein geistige Radiästhesie ist einerseits dem Könner und andererseits nur geistig hochstehenden Menschen vorbehalten. Das spirituelle Pendeln verlangt hohe ethische und moralische Eigenschaften, Religiosität, innere Harmonie, eine gute Konzentration und eine straffe Willensschulung. Jeder, der sich mit dem geistigen Pendeln befassen will sollte zuerst das hervorragende Buch <<Geistiges Pendeln>> von Rudolf Mlaker studieren" (Lit.: Gertrud I. Hürlimann, S. 343), daneben ist die Durcharbeitung von GA 10 unerlässlich. "Beim geistigen Pendeln stammen Auskünfte, die weder ein lebender noch ein abgeschiedener Mensch geben kann, von jenseitigen Meistern." (Lit.: Getrud I. Hürlimann, S. 343).

Literatur

- Rudolf Mlaker: *Geistiges Pendeln. Forschungsergebnisse*, Vlg. Richard Schikowski, Berlin 1974
- Anton Stangl: *Das grosse Pendelbuch*, Econ Vlg., München 2002
- Gertrud I. Hürlimann: *Rute und Pendel*, Oesch Vlg., Zürich 2003
- Markus Schirner: *Pendel - Welten. Das große Pendel-Arbeitsbuch für Anfänger und Fortgeschrittene*, Schirner Vlg., Darmstadt 1995
- Markus Schirner: *Pendel-Set*, Schirner Vlg., Darmstadt 2000
- Rudolf Steiner: *Wie erlangt man Erkenntnisse der höheren Welten?*, (GA 10), Dornach 1993
- Harro Rückner: *Siderischer Pendel als Kontrolluhr für das Gelingen einer Meditation*. In: Die Christengemeinschaft, 6. Jahrgang (1929), S. 286

Rudolf Steiner – Meister der weissen Loge

Das gleichnamige Buch der Judith von Halle fordert in eminenter Weise unser esoterisches Unterscheidungsvermögen heraus – daher ist es gar kein Wunder, wenn dieser Tage eine Buchrezension von Klaus J. Bracker in DIE DREI (8-9/2011) erschien, welche dieses Unterscheidungsvermögen in kaum einer, der von Judith von Halle angeschnittenen Fragen aufzubringen vermag.

Der frühere Redakteur von NOVALIS, der einzigen, mittlerweile eingestellten anthroposophischen Zeitschrift, die solche Debatten offen zu führen wusste, zeichnet sich allenfalls dadurch aus, dass er sich mit Judith von Halle immerhin einig weiß, dass es sich bei Rudolf Steiner um einen „großen Eingeweihten" handelt. Schon frühere von ihm in der Zeitschrift NOVALIS geführte Debatten, um Rudolf Steiners Stellung unter den Eingeweihten zeichneten sich allerdings durch eine gewisse esoterische Ahnungslosigkeit über die tatsächlichen geisteswissenschaftlichen Verhältnisse angesichts der Meisterfrage aus.

Klaus J. Bracker mag nicht einsehen, dass das Urteilsvermögen anderer bedeutenderer Esoteriker, etwa von Judith von Halle, aber auch von Hermann Keimeyer und Willi Seiß das eigene Urteilsvermögen deutlich überschreiten, wodurch die Meister-Frage aber im Gegensatz zu seinen eigenen Bemühungen tatsächlich lösbar erscheint.

Es sei allerdings angefügt, dass es sich für den unbedarften Leser gewiss nicht leicht erschließen lässt, worum es sich in der Meister-Frage tatsächlich handelt. Hermann Keimeyer kommt zum Ergebnis, dass Rudolf Steiner der Meister Jesus sei. Judith von Halle dagegen meint nachweisen zu können, dass Rudolf Steiner der Meister Serapis gewesen sei.

Auf den ersten Blick ein krasser Widerspruch, der sich aber anhand der Ausführungen von Judith von Halle in ihrem genannten Werk viel feinsinniger und weniger grobschlächtig ausnimmt, als auf den ersten Blick zu befürchten ist.

Der Meister Jesus ist der Mysterienname Rudolf Steiners aus seiner Verkörperung als Zarathustra-Jesus, also aus seiner Vergangenheit, wie Hermann Keimeyer erforscht hat.

Judith von Halle nimmt dagegen an, dass der Meister Serapis mit Rudolf Steiner erstmalig in der Menschheit inkarniert war – ein Widerspruch ist dies nur auf den ersten Blick.

Denn wenn Rudolf Steiner, der gewiss eine alte Seele darstellt, in seinem vergangenen Erdenleben nun erstmalig als eine neue Meisterindividualität hervortrat, so muss Rudolf Steiner zuvor bereits die Meisterstufe erreicht haben – und er tat dies ja bereits als Meister Jesus.

Der Widerspruch zwischen Judith von Halle's und Hermann Keimeyers Angaben ist mithin gar keiner, sondern nur eine Frage der Perspektive und zwar Rudolf Steiners Individualität entweder aus der Vergangenheit oder aus der Zukunft betrachtend.

== Literatur: ==

Judith von Halle: Rudolf Steiner – Meister der weissen Loge. Zur okkulten Biographie, Vlg.
für Anthroposophie, Dornach 2011
Hermann Keimeyer: Wie findet man die Meister in höheren Welten? DCS, Überlingen 2004
Klaus J. Bracker: Die Frage nach der Meisterschaft. In: DIE DREI 8-9/2011, S. 94 – 96

Turiner Grabtuch

Das sogenannte "Turiner Grabtuch", eine von Teilen der Christenheit verehrte Reliquie aus dem Grab bei Golgatha, deren Echtheit seit einigen Jahren bestritten wird, ist mutmaßlich doch echt.
Diese Auffassung vertritt jedenfalls Hermann Keimeyer aufgrund seiner übersinnlichen Forschung. Auch in der wissenschaftlichen Literatur zu dem Thema wird diese These neuerdings (teilweise) bejaht. Georg Blattmann erwägt den Gedanken, "daß es >>eine Art thermonuklearer Strahlenblitz<<, jedoch von kontrollierter und sozusagen >>sanfter<< Gewalt, eine hochintensive Strahlung von kurzer Dauer gewesen sein könne, welche das Bild dem Linnen aufgebrannt habe". (Lit.: Georg Blattmann, S. 41).

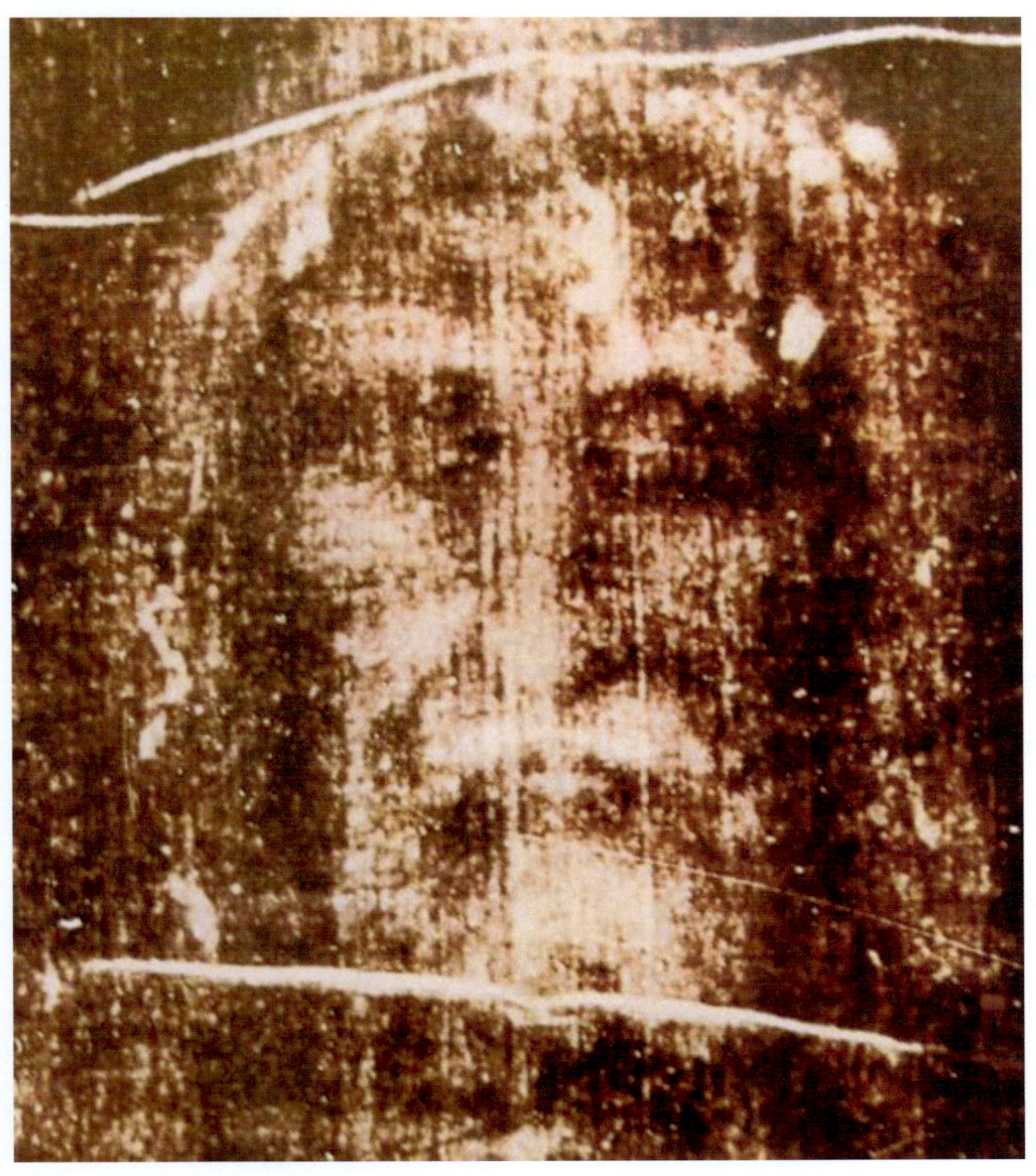

Literatur

* Maria Grazia Siliato: "Und das Grabtuch ist doch echt. Die neuen Beweise", Heyne Vlg., München 2000
* Ian Wilson: "Das Turiner Grabtuch. Die Wahrheit", Goldmann Vlg., München 1999
* Wolfgang Weidenstein: "Neueste Erkenntnisse über das Turiner Grabtuch. Auch Atomforschung erweist Echtheit", Christiana Vlg., Stein am Rhein 2000
* Horst Huismans, Gesine Huismans: „"Die Hl. Reliquie von Turin, Vermächtnis des historischen Jesus von Nazareth"", Bernardus-Verlag, Langwaden 2004

* Markus van den Hövel: "Das Wahre Antlitz Jesu Christi. Das Grabtuch von Turin und das Schleiertuch von Manoppello", Wien 2010
* Georg Blattmann: "Radioaktivität - Die Erde offenbart ihr Geheimnis", Urachhaus Vlg., Stuttgart 1988

== Weblinks ==

*http://www.hermannkeimeyer.de/index.php?option=com_content&task=view&id=541&Itemid=34 Wie echt ist das Turiner Leichentuch des gekreuzigten Christus? Ein Beitrag von Hermann Keimeyer
*http://de.wikipedia.org/wiki/Turiner_Grabtuch Wikipedia-Artikel zum Turiner Grabtuch

Der amerikanische Traum

Das individuelle Anrecht auf Glück, "the pursuise of happiness", ist in der amerikanischen Verfassung festgeschrieben. Nun, was stellt sich der Amerikaner darunter vor? Es sind "Gold, (ewige) Gesundheit und Lebensverlängerung" (Rudolf Steiner, GA 178, S. 227) weshalb sich heute besonders reiche Menschen oft nach ihrem Tode einfrieren lassen, um dieses Leben in Zukunft einmal fortsetzen zu können. Auf die Idee, dass der Mensch mehrere Erdenleben im Zuge der Wiederverkörperung durchläuft (man vergleiche Lessings Schrift "Die Erziehung des Menschengeschlechts") sind diese Amerikaner nie gekommen. Ihre Logenimpulse sind düster und von schwarzmagischer Natur. Der "große Geist" der Indianer Amerikas muß bereits als ein besonders hohes ahrimanisches Wesen vorgestellt werden. Dennoch lebten auch andere Impulse in der indigenen Urbevölkerung Amerikas. Eine Weissagung der Cree-Indianer lautet denn auch: *„Erst wenn der letzte Baum gerodet, der letzte Fluss vergiftet, der letzte Fisch gefangen ist, werdet Ihr merken, dass man Geld nicht essen kann."* - Was nun die Impulse des Sorat daraus machen, ist die möglichst vollständige Versklavung des Menschen in rein irdisch-materielle Zielsetzungen - eben Gold (bzw. Geld), Gesundheit, Lebensverlängerung. Das "hiesige" wird zum "Ewigen" verklärt, was einen tatsächlichen totalen Stillstand der spirituellen Entwicklung in den davon erfassten Kreisen bedeutet.

Deutschland und seine verlorene "Mitte"

Deutschland hat als NATO-Mitglied die Funktion der Mitte verloren - diese ist übergegangen an neutrale Länder wie Österreich und die Schweiz. Auch einige wenige deutsche Regionen in Bodenseenähe tragen noch das Potential einer "Mitte" in sich.

Daraus resultiert, dass man die heutige Bundesrepublik Deutschland nicht mehr so ohne weiteres als "Mitteleuropa" bezeichnen kann - sondern man realistischerweise von einem Anhängsel Westeuropas und der USA sprechen muß.

Als eigene historische Aufgabe hatte Deutschland durch die zeitweise sehr starke Friedensbewegung, die Herausbildung einer "Aktiven Neutralität" (Joseph Beuys). Die Chance dazu ist im Prozess der Wiedervereinigung mit seiner ultimativen Westbindung vertan worden. Deutschland ist quasi weiterhin ein besetztes Land, wenn nun auch wirtschaftlich, statt politisch motiviert.

Durch den frühen Tod von Petra Kelly und auch von Joseph Beuys fehlten auch politisch und publizistisch klare Leitfiguren zur Herausbildung der "Aktiven Neutralität", wozu im Prozess der Wiedervereinigung durchaus Chancen bestanden hätten - auch Gorbatschow hatte hier versagt, indem er sich mündlich Dinge versprechen ließ, die ihm aber niemals schriftlich bestätigt wurden, wie etwa ein Unterlassen der Ausdehnung der NATO nach Osten hin.

Als es dann unter Jelzin und Putin zur Ausdehnung der NATO Richtung Rußland kam, gab es auch wegen der anfangs desaströsen wirtschaftlichen Lage Rußlands keinen militärisch starken Partner, wie die ehemalige Sowjetunion, welcher die Einhaltung der mündlichen Zusagen hätte einfordern können.

Ein Symptom für die o.g. Entwicklung war allein schon die Tatsache, dass zum Amtsantritt der rot-grünen Regierung 1998, Außenminister Joschka Fischer den "Verbündeten" (vor allem den quasi Besatzer-Staaten USA und GB) versprechen mußte, Deutschland ginge keinen "Sonderweg" (gemeint war die politische und wirtschaftliche Westbindung Deutschlands). Als ein „Sonderweg" wäre sicherlich auch jegliche Eigenständigkeit in wirtschaftlicher Hinsicht angesehen worden.

Selbst die dringend notwendige Ergänzung des Grundgesetzes um Ausführungsbestimmungen zu direktdemokratischen Elementen auf Bundesebene kam aufgrund der Blockadehaltung der CDU/CSU/FDP-Opposition nicht zustande. Auch diese Freiheit wurde den deutschen Untertanen, aus purer Ignoranz und Machtversessenheit der Opposition heraus, verweigert. Somit bleibt dem einfachen Bürger jegliche Möglichkeit genommen, auf EURO-Abwege und EU-Fesselung einen nennenswerten Einfluß zu nehmen.

Wie sich die Zeiten ändern!

In meiner Jugend lernte ich noch das Lied "Zehn kleine Negerlein" und spielte "Wer hat Angst vorm schwarzen Mann?" - Schließlich bekam ich auch mit, dass der im Supermarkt aufgestellte Sarotti-Mohr lauter süße Sachen bereithielt. Auf Geburtstagen gab es denn auch immer einen "Mohrenkuss", spätere Benennung "Negerkuss". In Astrid Lindgren's Pippi Langstrumpf konnte die Protagonistin noch davon schwärmen ihr Vater sei Negerkönig auf einer Südseeinsel. Auch andere Autoren benutzten das N-Wort völlig ungeniert. Fast immer wurde das Wort nun seit der Jahrtausendwende seitens der Verleger abgeändert. Nun wird es zu einem Balanceakt ganz eigener Güte, den früheren Neger richtig zu benennen. Ist er ein Farbiger? Nein, denn schwarz und weiß sind keine Farben. Ist er ein Schwarzer? Auch nur ungerne, zumal Mulatten sich auch farblich davon erheblich abheben.
Was ist er dann? Etwa braun? Nein, "braun" sind nur Nazis.
Welches Wort also verwenden für die zu benennende Person?
In einer Fernsehsendung des WDR lernte ich vor kurzem es sei nur noch politisch korrekt diesen eine "Person mit starker Pigmentierung" zu nennen. Seltsam verschlagen mutet mir da die Entscheidung des Thienemann-Verlags an, das N-Wort in Michael Ende's "Jim Knopf" nicht gegen ein anderes auszutauschen, denn der verstorbene Autor könne dazu ja nicht mehr befragt werden. Auch in der Rudolf-Steiner-Gesamtausgabe bleibt der "Neger" ein Neger. Vor wenigen Tagen wurde ein Politiker in einer Talkshow mit dem mundartlich ausgesprochenen N-Wort konfrontiert, fühlte sich bestätigt und meinte: "Roberto Blanco ist aber ein toller Neger!" - Ein Glück, dass dieser gleichfalls CSU-Mitglied ist. Ein andrer "Betroffener" hat vor einem deutschen Gericht für einen solchen Fall schon einmal erfolgreich auf "Schmerzensgeld" geklagt....
Ich frage mich nun, wann es mit Bußgeld belegt wird im Restaurant ungeniert ein Zigeuner-Schnitzel zu verlangen....

Wohin treibt die Welt heute?

Die englisch sprechende Bevölkerung - vornehmlich also Briten und Amerikaner - zeichnen sich aus durch skrupellosen Einsatz der Staatsgewalt. Da muß man nicht erst Edward Snowden bemühen (einen großen Aufklärer) - sondern es lohnt sich schon zu schauen auf die Verwüstungen, welche diese Bevölkerung mit militärischen Mitteln - zuletzt im Irak und in Lybien - angerichtet hat.

Damit - so läßt sich mit Gewissheit sagen - war diese englischsprachige Bevölkerung der Geburtshelfer - die Hebamme - des IS. Doch die Flüchtlingsströme gehen nach Mitteleuropa, welches man schon in wenigen Jahren nicht mehr wiedererkennen wird. Die Ideale Goethes, Schillers, Lessings, sie wurden nicht aufgenommen von den englisch sprechenden Bevölkerungen. Dennoch spielen sie für die Spiritualität Mitteleuropas eine entscheidende Rolle. Wer dazu noch Novalis ("Die Christenheit und Europa") liest, der wird erkennen, daß das europäische Projekt im Kern ein christliches ist. Scheitert es, so wird die mitteleuropäische Ordnung innerhalb weniger Jahre auseinanderbrechen. Die Briten sind bereits schon aus diesem Völkerverbund der EU ausgetreten (BREXIT). Also kommt es auf den Rest der europäischen Bevölkerung, vor allem die Mitteleuropas an.

Wer sich die in "Die Heilung Europas" von Harrie Salman ausgebreitete Kulturgeschichte Europas anschaut, und auf deren künftige Pflänzchen es nun ankommt, der ist schon auf dem richtigen Erkenntnis-Wege. Denn es gilt in Zukunft die Möglichkeit zu einer geistigen Betrachtung der Natur (Goetheanismus) wieder neu zu errichten - ja, es soll in Mitteleuropa gar zu einer Zusammenarbeit mit den Elementarwesen kommen, wie es heute bereits in Island, also im hohen Norden, geschieht. Dann wird sich erweisen, welche Philosophie und Anthroposophie fruchtbarer ist, diejenige Mitteleuropas, oder diejenige Amerikas (und von GB).

Wer glaubt aus einer mormonisch gefärbten Wiederentdeckung Steiners Honig saugen zu können (ich nenne hier vor allem "Info 3" und Christian Clement), der befindet sich ebenfalls auf dem falschen Dampfer, wie auch der Vorstand des Goetheanums, wenngleich einzelne Vertreter, wie Michaela Glöckler und einige weitere - ich denke hier auch an Gerald Häfner - durchaus in der Lage sind, hier noch fruchtbare Impulse zu setzen.

In Zukunft wird es eine europäische "Graswurzelbewegung" sein, welche das Ferment künftiger europäischer Kultur herzustellen in der Lage sein wird. Dafür stehen heute nur noch wenige Vertreter, wie Arfst Wagner, Michael W. Bader, Thomas Mayer und wenige weitere bereit.

Fangen wir also bereits heute an, uns von "falschen" Autoritäten" zu emanzipieren, und das notwendige spirituelle Denken in die eigenen Hände zu nehmen!

Verintellektualisierung der Anthroposophie – ein Buchhinweis

Das Streben nach akademischen Würden lässt in der Anthroposophischen Bewegung immer neue Pflänzchen blühen. So ist neuerdings die SKA (Steiner Kritische Ausgabe) zu beobachten, die der Anthroposophie nun endlich zu der lange ersehnten akademischen Anerkennung verhelfen soll. Doch die Mittel des Bearbeiters dieser Kritischen Ausgabe, Christian Clement, von der Brigham Young University in den USA, sind mehr als fragwürdig. So wird Rudolf Steiners Geistesforschung akademisch zurechtgestutzt und als im wesentlichen nicht neue Interpretation und Wiedergabe längst publizierter akademischer und historischer Texte dargestellt. Der ureigene Beitrag aus Steiners originärer Geistesforschung wird dabei auf eine Vermengung der Resultate des Deutschen Idealismus und europäischer Mystik verengt. Diese Vorgehensweise kommt einer Einsargung der Anthroposophie gleich, wie Pietro Archiati in seinem Werk „Der Intellektualismus und die Anthroposophie. Eine Einführung in die Geisteswissenschaft Rudolf Steiners', Rudolf Steiner Ausgaben, Bad Liebenzell, 4. erweiterte Auflage 2014, kritisch anmerkt. Eine Verintellektualisierung der Anthroposophie, ja mehr noch, auch die Loslösung des Wesens Anthroposophia von der Anthroposophischen Gesellschaft droht, indem von dieser aus das Projekt SKA unkritisch gefördert wird.

Rudolf Steiner selbst wies auf die drohende Gefahr bereits 1919 hin:
"Es könnte möglich sein, daß sich einmal die Anthroposophie von der Anthroposophischen Gesellschaft lösen müßte. Es dürfte nicht sein, aber die Möglichkeit dazu wird bestehen. Wenn ich einmal nicht mehr da bin, wird eine Verintellektualisierung der anthroposophischen Geisteswissenschaft kommen. Das ist eine große Gefahr. Denn das bedeutet die Stagnation der ganzen Bewegung." (Rudolf Steiner, zitiert nach Adelheid Petersen: Rudolf Steiner über Vortragstätigkeit und Zweigarbeit. In: Erika Beltle/Kurt Vierl (Hg.): Erinnerungen an Rudolf Steiner, Vlg. Freies Geistesleben, Stuttgart 2001, Seite 237).

Das vorliegende Buch von Pietro Archiati ist es wert gelesen und rezipiert zu werden. Einer unkritischen Aufnahme der SKA als akademisch unerlässlich, ist hingegen die notwendige Absage zu erteilen.

Eine Anthroposophie mit pseudo-wissenschaftlichem Anspruch, der die ureigene Substanz, nämlich Rudolf Steiners erkenntniswissenschaftliche Geistestat entzogen wird, ist schließlich keinen Pfifferling mehr wert.

Der Kampf um den russischen Kulturkeim

Tagebuchnotiz Rudolf Steiner, circa Ende 1917, über den Ersten Weltkrieg: Was steht sich in diesem Kriege gegenüber und um was wird er geführt? „Tonangebend ist eine Gruppe von Menschen, welche die Erde beherrschen wollen mit dem Mittel der beweglichen kapitalistischen Wirtschaftsimpulse. Zu ihnen gehören alle diejenigen Menschenkreise, welche diese Gruppe imstande ist, durch Wirtschaftsmittel zu binden und zu organisieren. Das wesentliche ist, daß diese Gruppe weiß, in dem Bereich des russischen Territoriums liegt eine im Sinne der Zukunft unorganisierte Menschenansammlung, die den Keim einer sozialistischen Organisation in sich trägt. Diesen sozialistischen Keimimpuls unter den Machtbereich der antisozialen Gruppe zu bringen ist das wohlberechnete Ziel. Dieses Ziel kann nicht erreicht werden, wenn von Mitteleuropa mit Verständnis eine Vereinigung gesucht wird mit dem östlichen Keimimpuls. Nur weil jene Gruppe innerhalb der anglo-amerikanischen Welt zu finden ist, ist als untergeordnetes Moment die jetzige Mächte-Konstellation entstanden, welche alle wirklichen Gegensätze und Interessen verdeckt. Sie verdeckt vor allem die wahre Tatsache, daß um den russischen Kulturkeim zwischen den anglo-amerikanischen Pluto-Autokraten und dem mitteleuropäischen Volke gekämpft wird. In dem Augenblicke, in dem von Mittel-Europa diese Tatsache der Welt enthüllt wird, wird eine unwahre Konstellation durch eine wahre ersetzt. Der Krieg wird deshalb so lange in irgendeiner Form dauern, bis Deutschtum und Slawentum sich zu dem gemeinsamen Ziele der Menschen-Befreiung vom Joche des Westens zusammengefunden haben. Es gibt nur die Alternative: Entweder man entlarvt die Lüge, mit der der Westen arbeiten muß, wenn er reüssieren will, man sagt: die Macher der anglo-amerikanischen Sache sind die Träger einer Strömung, die ihre Wurzeln in den Impulsen hat, die vor der französischen Revolution liegen und in der Realisierung einer Welt-Herrschaft mit Kapitalistenmitteln besteht, die sich nur der Revolutions-Impulse als Phrase bedient, um sich dahinter zu verstecken; oder man tritt an eine okkulte Gruppe innerhalb der anglo-amerikanischen Welt die Welt-Herrschaft ab, bis aus dem geknechteten deutsch-slawischen Gebiet durch zukünftige Ströme von Blut das wahre geistige Ziel der Erde gerettet wird." (Veröffentlicht in "Stimme des Gewissens", 32. Jahrgang Nr. 6, Nov./Dez. 2001, Seite 8; das Zitat hat allem Anschein nach erstmals Thomas Meyer veröffentlicht, im "Europäer" (März 1999), seit 2011 findet man es auch in der GA (173c, S. 264f.) -- Angabe lt. Willy Lochmanns "Zeitgeschichtliche Illustrationen" Nr. 101 (Oktober/November 2014) auf S. 3, in einem Aufsatz von Irene Diet zu Markus Osterrieders Weltkriegsbuch, in dem es wohl auch erscheint - aber nicht vollständig, wie Diet bemängelt. Offensichtlich hat Steiner diesen Text ("Manuskript zu den Hintergründen des Kriegsgeschehens") selber nicht publiziert.)

Zitat aus einer Ansprache die Rudolf Steiner am 5.Juni 1913 in Helsinki vor russischen Anthroposophen gehalten hat. „Ihr seid gewissermaßen in der gegenteiligen Lage von einem Volke, das in einer gewissen Beziehung zu einem kurzen Glanze auch aufsteigender Art die Erde bevölkert. Ihr seid in einer gegenteiligen Lage wie das nordamerikanische Volk. Bedenkt, meine lieben Freunde, daß dieses nordamerikanische Volk, das Euer Gegenpol ist, von der Zeit ab begonnen hat, vom Westen allmählich gegen den Osten vorzurücken, in der in Europa das Zeitalter des Materialismus begonnen hat, und ihn weiter ausgebaut hat. Bedenkt, daß in den Wurzeln des Amerikanertums der Materialismus waltet. Bedenkt einmal, daß diejenigen Menschen, die Amerika kultiviert haben, dies getan haben mit den Vorstellungen des kultivierten Europäers vor Jahrhunderten, die so wenig weit hinter uns liegen. Was haben denn diese Menschen gemacht? Diese Menschen haben mit den materialistischen Vorstellungen der modernen Parlamente, mit den Vorstellungen der modernen Naturwissenschaft, der modernen Gesellschaftsordnung dasjenige getan, was sonst ungebildete Menschen machen, wenn sie Urwälder ausroden, Stück für Stück Ackerboden erobern, Land bereiten der Kultur. Das ist alles aus Materialismus entsprungen. Und wenn man heute betrachtet den als ihren bedeutendsten Schriftsteller Anerkannten, den ja auch die Amerikaner durch Wahl zu ihrem Leiter bestimmt haben, Woodrow Wilson, der für die heutigen Verhältnisse wirklich ein bedeutender Schriftsteller ist, der Glänzendes an schriftstellerischer Leistungen für die soziale Anschauung geleistet hat, wenn man ihn anschaut, seine Begriffe und Ideen, alles, was er repräsentiert als Vertreter des amerikanischen Volkes, was ist es? Ein Kartenhaus. Ein Kartenhaus, von einem einzigen Hauch, wenn er einmal gehaucht würde aus den spirituellen Welten heraus, vernichtet. Dann würde diese ganze Kultur umfallen. Jede Einzelheit, aus der die amerikanische Kultur stammt, kann man nachweisen aus äußeren Geschichtsbüchern, aus der Kulturgeschichte der vorigen Jahrhunderte. Alles liegt offen da, alles ist Menschenwerk, woraus das entsprungen ist. Fragt nach, woher Euer Volkstum kommt, woher Euer Geistesleben stammt, fragt nach, woher das Beste kommt, was Ihr in Euren Seelen hegen könnt. Ihr werdet es auf der Erde nicht finden! Das ist nicht in dieser Weise zu finden, das wurzelt in der geistigen Welt selber. Das ist Organismus, Lebewesen, das ist kein Kartenhaus." Das Zitat stammt aus dem Zyklus „Der Zusammenhang des Menschen mit der elementarischen Welt – Kalewala-Olaf Ásteson – Das russische Volkstum" GA 158, Seite 216, in der Ausgabe von 1993.

Literatur

- Andreas Bracher (Hg.): *Kampf um den russischen Kulturkeim.* Die tieferen Hintergründe des Ersten Weltkriegs, Perseus Vlg., Basel 2014

Anthroposophische Prophezeiungen, die eingetreten sind

Erfüllte Prophezeiungen von Rudolf Steiner und anderen (eine Auswahl):

"(Es) muss die Menschheit erst fertig werden mit der Begegnung des Tieres, das 1933 aufsteigt." (Rudolf Steiner, GA 346, S. 239f.) (= Verhüllte Prophezeiung der Machtergreifung Hitlers)

"Ich werde es nicht mehr erleben, 1938/1939 wird ein Krieg sein, wie ihn die Welt noch nie erlebt hat. Wer überlebt, wird bessere Zeiten haben." (Rudolf Steiner. In: Erika Beltle/Kurt Bierl: Erinnerungen an Rudolf Steiner, Vlg. Freies Geistesleben, Stuttgart 2015, S. 503)

Rudolf Steiner prophezeite auch, dass sich der Bolschewismus in Europa nicht länger als 70 - 80 Jahre werde halten können. (Vgl. Friedwart Husemann: Rudolf Steiners Entwicklung, S. 18)

Bereits 1916 - also noch vor dem Eintritt Amerikas in den ersten Weltkrieg - formulierte Rudolf Steiner folgende Prophetie: "Es wird nicht lange dauern, wenn man das Jahr 2000 geschrieben haben wird, da wird nicht ein direktes, aber eine Art von Verbot für alles Denken von Amerika ausgehen, ein Gesetz, welches den Zweck haben wird, alles individuelle Denken zu unterdrücken." (Rudolf Steiner, GA 167, Vortrag vom 4. April 1916). Damit drückte Rudolf Steiner aus, dass das Gerede von den westlichen Werten und Freiheiten zur Phrase, Konvention und schließlich zur Lüge wird. Denn in Wahrheit wird das individuelle Denken routiniert unterdrückt werden durch ein überbordendes, allherrschend gewordenes Wirtschaftsleben. Die freiheitliche Demokratie der westlichen Welt steht nur zu oft nur noch auf dem Papier - und wird, wie die "Wikileaks"- und NSA-Abhör-Debatte zeigt, nicht selten durch den Herrschaftsanspruch des "militärisch-industriellen Komplexes" (Noam Chomsky) auf dem Altar des "Common sense" gemeinsamer Werte und Interessen gewissermaßen zu Tode gebracht, d.h. dem Gotte "Mammon" zur Opfergabe gebracht.

Betreffend China, Indien und dem Nahen Osten: „Denn bedenken Sie nur einmal etwas, was zusammenhängt mit unseren durch Monate hindurch gepflogenen sozialen Betrachtungen. Die zielen darauf hin, den Nachweis zu führen von der Notwendigkeit, das geistige Leben neben dem Rechts- oder Staatsleben von dem bloß wirtschaftlichen Leben abzusondern. Vor allen Dingen zielen sie darauf hin, Verhältnisse über die Welt hin zu schaffen, oder wenigstens - mehr können wir ja zunächst nicht tun - Verhältnisse über die Welt hin als die richtigen zu betrachten, welche ein selbständiges Geistesleben begründen, ein Geistesleben, das nicht abhängig ist von den anderen Strukturen des sozialen Lebens, wie unser gegenwärtiges Geistesleben, das ganz drinnensteckt im Wirtschaftsleben auf der einen Seite und im politischen Staatsleben auf der anderen Seite. Entweder wird die heutige zivilisierte Menschheit sich dazu bequemen müssen, ein solches selbständiges Geistesleben hinzunehmen, oder die gegenwärtige Zivilisation muß ihrem Untergang entgegengehen und aus den asiatischen Kulturen muß sich etwas Zukünftiges für die Menschheit ergeben." (Rudolf Steiner, GA 191, S. 211f.)

Es sind als Folgen des sogenannten Bologna-Prozesses, und als Folge der kulturellen Ignoranz gegenüber der Eurythmie wohl die spirituellen und kulturellen Impulse des Yoga, Tai-Chi und der Sufismus, welche in Mitteleuropa allmählich heimisch werden.

Eine von Rudolf Steiner abgeleitete Prophezeiung ist diese: "Die (zweite) Gegenkraft ist der fanatische Islam, der momentan eine Renaissance erlebt. Von Südosten her droht eine Eroberung Europas durch den <<heiligen Krieg>> fanatischer moslemischer Gruppen. Es handelt sich hier um eine rein ideologische Auseinandersetzung, die in den kommenden Jahrzehnten eskalieren kann. (...) (Wir) stehen auch da in einem Geisteskampf, der nur durch eine christliche Kultur des Herzens gewonnen werden kann, wie es bereits einige Male im Lauf der letzten dreizehnhundert Jahre der Fall war." (Lit.: Bernard Lievegoed, Eine Kultur des Herzens, S. 58)

Judith von Halle schreibt im Zusammenhang mit den Versuchungen Christi (hier durch Ahriman) folgendes: "Die Herausforderung Ahrimans war geradezu genial in ihrer Heimtücke. Ahriman fragte ihn nach dem Gewinn dieses Opfers. Er wies auf die Zukunft hin und entblätterte alles, was tatsächlich die Zukunft an Schlechtem bringen würde. Doch war es nicht die ganze Wahrheit, denn er zeigte Ihm die Zukunft nur von einer Seite, ließ die helle Seite der Entwicklung aus, so daß es im Grunde die Unwahrheit war. Und doch war all das, was er ihm zeigte, wahr. Ahriman zeigte Ihm den zukünftigen Undank der Menschheit, den Mißbrauch Seiner neuen Mysterien, die unchristlichen Taten der Menschen, die in seinem Namen Seine Lehre verkehren würden, Er musste die falschen Messiasse sehen. Er mußte die sich aus Resignation zurückziehenden Engelscharen schauen, Er nahm in seiner ganzen Tragik wahr, wie sich trotz Seines Opfers bei nur wenigen Menschen die notwendigen Geistorgane ausbildeten, wie der Christus-Impuls erst versank, dann willentlich ad absurdum geführt wurde. Er schaute die Irrlehren der Zukunft, wie sie sich wider den Geist kehrten und sah ganze Völker sich von ihm lossagen. Er schaute die Zerstörung seiner hingeopferten Glieder, die Zerstörung der Natur, der Erde, des Christus-Leibes selbst, und Er mußte schauen, wie sich alle abgefallenen Völker, die Völker geblieben waren, weil sie den Ich-Impuls nicht ergriffen und sich nicht in Einzel-Iche aufgegliedert hatten, wie all diese Völker sich gegenseitig vernichteten. Er schaute die verschwindend geringe Zahl derer, die am Ende der Erdenzeiten eine wahrhaft christliche Entwicklung durchlaufen hatten. (...) "[Judith von Halle: <<Und wäre er nicht auferstanden...>>>, Vlg. am Goetheanum, Dornach 2005, S. 131 - 132].

"Es könnte möglich sein, daß sich einmal die Anthroposophie von der Anthroposophischen Gesellschaft lösen müßte. Es dürfte nicht sein, aber die Möglichkeit dazu wird bestehen. Wenn ich einmal nicht mehr da bin, wird eine Verintellektualisierung der anthroposophischen Geisteswissenschaft kommen. Das ist eine große Gefahr. Denn das bedeutet die Stagnation der ganzen Bewegung." (Rudolf Steiner, zitiert nach Adelheid Petersen: Rudolf Steiner über Vortragstätigkeit und Zweigarbeit. In: Erika Beltle/Kurt Vierl (Hg.): Erinnerungen an Rudolf Steiner, Vlg. Freies Geistesleben, Stuttgart 2001, Seite 237).

Eine andere Sicht auf Pietro Archiati

'''Pietro Archiati''' wurde geboren 1944 in Brescia (Italien) als viertes von zehn Kinder einer Bauernfamilie. Er besucht eine Klosterschule und beginnt anschließend das Studium der Philosophie und Theologie, welches er in Rom und München abschließt. Als Volksschullehrer wird er in Laos und als Ordenspriester in New York unter anderem innerhalb der Marriage-Encounter-Bewegung tätig. Plötzlich verliert er seine Stimme und wird für drei Jahre Einsiedler am Comer See: dort hat er die entscheidende Begegnung mit dem Werk Rudolf Steiners (1977). Er wird schließlich erfolgreich operiert und wird daraufhin 1981-85 in Südafrika als Dozent in einem Priesterseminar tätig, er ist zugleich zuständig für Erwachsenenbildung und sieht sich in seinen Kursen bereits als Vertreter der Geisteswissenschaft Rudolf Steiners.

Durch die starke Betonung anthroposophischer Quellen in seinen Kursen, kommt es schließlich zum Bruch mit der katholischen Kirche. Seit 1987 ist er freiberuflich als Kursleiter und Vortragender in Deutschland und anderen Ländern tätig.

Nach einigen Veröffentlichungen im Verlag Freies Geistesleben und im Verlag am Goetheanum, kommt es schließlich zum Konflikt mit der Leitung der Allgemeinen Anthroposophischen Gesellschaft (AAG) mit Sitz in Dornach/Schweiz.

Pietro Archiati wurde seinerzeit von Manfred Schmidt-Brabant der Austritt aus der AAG nahegelegt.

Dieser Aufforderung kam Pietro Archiati denn auch nach und wirkt seither als unabhängiger Vortragender und als Publizist für den anthroposophischen Impuls. Nach Ablauf des Urheberrechts an den Schriften und Vorträgen Rudolf Steiners lässt Pietro Archiati sehr preiswerte Nachdrucke aufgrund von Original-Stenogrammen der Vorträge Rudolf Steiners über den Archiati-Verlag (jetziger Name: Rudolf-Steiner-Ausgaben) unter Fantasie-Titeln verbreiten. Dies hat ihm auch Kritik seitens der Rudolf Steiner Nachlassverwaltung eingebracht.

==Irrtumsmöglichkeiten==

"Also das Unterlassen und das Unterdrücken des Geistes - wenn wir das Wort <<Geist>> für die Fülle der Menschlichkeit nehmen -, das sind die zwei Stufen des Bösen. Aber das Böse ist niemals wesenhaft, es ist immer entweder ein Unterlassen oder ein Unterdrücken eines Guten. In beiden Fällen ist es ein Manko: Ein mögliches Gutes wird nicht geschaffen oder es wird verhindert. Deswegen ist die Auseinandersetzung mit dem Bösen so schwierig, weil wir immer wieder in den Irrtum hineinkommen, das Böse als etwas Reales, als etwas Handfestes und Wesenhaftes anzusehen.

Das ist auch eine Illusion." (Pietro Archiati: Mit Engeln und Verstorbenen leben, S. 52 - 53).

Pietro Archiati unterliegt hier als ehemaliger katholischer Priester gleich zwei Irrtümern. Das Böse ist nicht wesenlos - und es kennt nicht lediglich zwei Pole bzw. Stufen. Das wesenhafte Böse bildet tatsächlich eine Dreifaltigkeit ganz eigener Art: Luzifer, Ahriman und Sorat-Asuras.

Einem ähnlichen Irrtum dem Bösen gegenüber verfiel auch Valentin Tomberg und zwar nach seiner Konversion zur katholischen Kirche (vgl. Die großen Arcana des Tarot, Kapitel: Der Teufel).

Den Widersachermächten ihre Wesenhaftigkeit abzusprechen gehört gerade heute zu einem der Grundübel des zeitgenössischen Katholizismus.

Pietro Archiati bemerkt denn auch: "Ich habe niemals auch nur ein Teilchen echten Katholizismus verneinen müssen, alles wurde für mich (durch Rudolf Steiner) immer nur größer und größer und tiefer und tiefer." (Pietro Archiati: Aus meinem Leben, S. 34).

Eine Anekdote rund um Pietro Archiati und Johannes Paul II.

"Johannes Paul II. war ein Kenner der Geisteswissenschaft Rudolf Steiners. In seiner polnischen Zeit – als er noch Mitglied einer Krakauer Theatergruppe war, Literaturwissenschaft studierte und selbst Dramen schrieb –, lieh er sich regelmäßig Zyklen von der Bibliothekarin eines im Untergrund arbeitenden polnischen anthroposophischen Zweiges aus; er machte sich mit Steiners Ausführungen zur Sprachgestaltung und dramatischen Kunst bekannt und wird wohl auch christologische Zyklen studiert haben. Derselbe polnische Anthroposoph, der die betreffende Zweigleiterin persönlich kannte und diese Dinge dem Verfasser dieser Zeilen bereits vor rund zwanzig Jahren mitgeteilt hatte, erzählte auch von einer von ihm selbst gesehenen Photographie, auf der auf Woitylas Schreibtisch die zu Beginn der 80er Jahre auf Deutsch erschienenen Werke Valentin Tombergs zu sehen sind. Tomberg brachte bekanntlich das rätselhafte Kunststück fertig, nach Jahrzehnten anthroposophischen Studiums und Wirkens zum Katholizismus zu konvertieren. Und er wurde daher für gewisse Kreise der katholischen Kirche besonders interessant und wertvoll, wie weiter unten gezeigt wird. Und auch vor der Idee der Reinkarnation – eine Kernidee der Geisteswissenschaft R. Steiners – schreckte Woityla nicht zurück. Dies geht unmissverständlich und am Direktesten aus einem Gespräch hervor, das der katholische Philosophieprofessor und Mitherausgeber der Werke Tombergs, Robert Spaemann, eines Tages mit Johannes Paul II. geführt hatte. Von diesem Gespräch machte der frühere Katholik und jetzige Anthroposoph Pietro Archiati auf die Bitte des Verfassers eine Aufzeichnung, die er diesem im Sommer 1990 ohne Vorbehalte zusandte. Wir zitieren ohne Änderung:«Anfang Dezember 1987 hatte ich ein Gespräch mit Prof. R. Spaemann. Es war an dem Tag, wo ich (etwa eine Stunde früher) die Erklärung meines Austritts aus der Kirche nach Rom geschickt hatte. Als ich diese Nachricht Prof. Spaemann mitteilte, war er sehr konsterniert. Um zu beweisen, dass ich den falschen Schritt getan hatte, erzählte er mir ein Privatgespräch, das er mit dem jetzigen Papst gehabt hatte. Damit sagte er, würde er mir dartun, dass die Kirche viel offener und liberaler sei, als ich ihm nahebringen wollte. Ich habe diese Erzählung sofort nachher schriftlich notiert, so dass meine Wiedergabe, wenn nicht wortwörtlich, so doch als sehr getreu betrachtet werden kann. Nun lasse ich Prof. Spaemann selbst sprechen:‹Am Ende unseres Gesprächs frug ich den Papst ganz direkt: «Ihre Heiligkeit, was denken Sie von einem Katholiken, der von Reinkarnation überzeugt ist?» Er wollte nicht antworten, wartete ein wenig und dann sagte er lächelnd:«Fragen Sie doch den Kardinal Ratzinger, den Sie gut kennen. Er ist ja für Glaubensfragen zuständig!» Ich aber fuhr fort: «Nein, Ihre Heiligkeit, ich möchte, dass Sie mir sagen, was Sie darüber denken.» Wiederholtes Schweigen und Warten. Nach einigen Sekunden sagte der Papst:«Wir müssen uns immer an der Heiligen Schrift orientieren. Was finden wir dort? Finden wir Äußerungen, die eindeutig gegen die Reinkarnation sprechen? Nein. Finden wir Äußerungen, die eindeutig dafür sprechen? Auch nicht. Obwohl vielleicht die Schrift eher in Richtung Nicht-Reinkarnation zu interpretieren ist.» Hier wartete der Papst noch eine kleine Weile, und dann fuhr er fort:«Ich kenne einen polnischen Philosophieprofessor, der jeden Tag in die Messe und zur Kommunion ging und der von Reinkarnation sehr überzeugt war.»Dann wartete er noch einige Sekunden und sagte mit seinem polnischen Akzent: «Viele Fragen ... wenige Antworten!» ›Bis hier die Erzählung des Gesprächs. Ich habe noch sehr in Erinnerung, wie Spaemann den Akzent des Papstes beim letzten Satz imitierte. Dann fügte Prof. Spaemann hinzu, dass er von zuversichtlichen Quellen mit Sicherheit weiß, dass mit dem Philosophieprofessor der Papst sich selbst gemeint hat. Damit wollte er mir zeigen, wie offen der Papst in dieser sehr wichtigen Frage ist, und dass es in der Kirche auch Platz gibt für Menschen, die wie ich von Reinkarnation überzeugt sind.»

"Derselbe polnische Anthroposoph, der die betreffende Zweigleiterin persönlich kannte und diese Dinge dem Verfasser dieser Zeilen bereits vor rund zwanzig Jahren mitgeteilt hatte, erzählte auch von einer von ihm selbst gesehenen Photographie, auf der auf Woitylas Schreibtisch die zu Beginn der 80er Jahre auf Deutsch erschienenen Werke Valentin Tombergs zu sehen sind. "Diese Werke waren: Die Großen Arcana des Tarot, Ausg. B, 2 Bde. von Anonymus d'Outre-Tombe (das ist das Pseudonym für Valentin Tomberg)." (Aus www.perseus.ch (Der Europäer Jg. 9 / Nr. 7 / Mai 2005))

Pietro Archiati's Kritik am Goetheanum hinsichtlich I. Abouleish (Dokumentation)

"WIE DORNACH ANTHROPOSOPHIE UND CHRISTENTUM FÖRDERT (Grundlagen zur Urteilsbildung)"

Pietro Archiati

"„Ich fasse zusammen: Im Johannesevangelium (8,58) heißt es: 'Ehe denn Abraham ward, bin ich'. Dieser Satz bezieht sich auf den weisheitsvollen göttlichen Plan, durch den wir gewandert sind. Da sind zwei Strömungen: der Ismael-Strom, der zweitausendsechshundert Jahre geruht hat bis zur Geburt Mohammeds, und der Isaak-Strom, von dem alle biblischen Propheten stammen und der bis zur Geburt Jesu reicht. Nach der Taufe Jesu zog das göttliche Ich des Christus in ihn ein, so dass wir ihn Jesus Christus nennen können. Seither wirkt das Christliche in der Erde und im Menschen. Seither gibt es Träger des Christus-Impulses. Sechshundert Jahre danach lebt dieser Impuls in neuer Form individualitäts- und gemeinschaftsbildend auf, um uns auf das moderne abrahamitische Zeitalter vorzubereiten durch den Propheten Mohammed, so dass wir ihn Mohammed, Träger des Christus-Impulses nennen können.“

Ibrahim Abouleish (bei der Weltreligionen-Tagung 2000 am Goetheanum in Dornach vor mehreren Hundert Menschen in seinem Vortrag „Islam und Anthroposophie“; veröffentlicht in „Esoterik der Weltreligionen“, Hrsg.: Virginia Sease, Verlag am Goetheanum 2001, S. 66)*

□ □ □

„Da fiel sein prophetischer Blick [des Verfassers der Apokalypse] auf jene Lehre, welche nun im Osten entsteht – um 666 –, und welche zurückgreift in jenes Mysterienwesen, das nichts weiß vom Sohn: die mohammedanische Lehre. Die mohammedanische Lehre kennt nicht diese Struktur der Welt, von der ich Ihnen gesprochen habe, sie kennt nicht die zwei Reiche, das Reich des Vaters und das Reich des Geistes, sie kennt nur allein den Vater. Sie kennt nur die starre Lehre: Es gibt nur einen Gott, Allah, und nichts, was neben ihm ist, und Mohammed ist sein Prophet. – Von diesem Gesichtspunkt aus ist die mohammedanische Lehre die stärkste Polarität zum Christentum, denn sie hat den Willen zum Beseitigen aller Freiheit für alle Zukunft, den Willen zum Determinismus, wie es nicht anders sein kann, wenn man die Welt nur im Sinne des Vatergottes vorstellt.
Und der Apokalyptiker empfindet: Da kann der Mensch sich nicht selber finden. Da kann der Mensch nicht durchchristet werden.“

Rudolf Steiner (Vortrag vom 11. September 1924, Dornach, GA 346, S. 107)

□ □ □

*Ibrahim Abouleish wurde sowohl 1995 als auch 2000 für die Weltreligionen-Tagung in Dornach vom Vorstand der Anthroposophischen Gesellschaft eingeladen. An beiden Tagungen waren auch mitwirkend: Sergej Prokofieff, der 2000 in den Vorstand kooptiert wurde; Virginia Sease, langjähriges Mitglied des Vorstands; Manfred Schmidt-Brabant (gest. 2001), langjähriger Vorsitzender der Anthroposophischen Gesellschaft.

WORUM ES BEI DEN ZITATEN von I. Abouleish und R. Steiner GEHT

Bei den zwei angeführten Zitaten geht es nicht um irgendeine Ansicht des Vorstands der Anthroposophischen Gesellschaft. Noch weniger geht es um die Ansichten von I. Abouleish, zu denen er das volle Recht hat. Es geht vielmehr um Taten des Vorstands: die zweimalige Einladung von I. Abouleish, die Veröffentlichung seiner Gedanken und die objektive Wirkung dieser Taten in der Menschheit.

Kaum hatte ich die zwei Äußerungen von Ibrahim Abouleish und Rudolf Steiner in Umlauf gebracht, – ich wollte zunächst die Tatsachen ohne Kommentar für sich sprechen lassen – wurde ich von der Lektorin des Buches „Esoterik der Weltreligionen" angerufen. Sie sagte, sie habe die Tonbandfassung verändert. Da vergleiche der Redner mit aller Deutlichkeit „Jesus-Christus" wörtlich mit „Mohammed-Christus" und bezeichne sie als gleichwertig. – Dies kann nur als abermalige Menschwerdung des Christus im Fleische verstanden werden. Die Sicht von I. Abouleish, die er für vereinbar mit der Anthroposophie hält, stellt in Wirklichkeit eine völlige Umkehrung der Anthroposophie ins genaue Gegenteil dar. Dies geschieht dadurch, dass der Geist des Christus, so wie Rudolf Steiner ihn unzählige Male dargestellt hat, mit dem was er als Gegengeist bezeichnet, gleichgesetzt wird. Objektiv gesehen, ganz unabhängig von möglichen guten Absichten, ist dies die größte Christus-Lästerung, die man sich vorstellen kann. Dieser Lästerung bietet der Vorstand der Anthroposophischen Gesellschaft wiederholt sein höchst offizielles Rede- und Presse-Forum an. Ihre Verbreitung durch die Veröffentlichung kann nur den Mächten dienen, die danach streben, in der Menschheit das Bewusstsein des Christus auszulöschen.

Rudolf Steiner wurde nie müde, zu betonen: Das Rückgrat der Anthroposophie ist die Wahrheit, und das Rückgrat ihrer Repräsentanten kann nur die Wahrhaftigkeit sein. Die Wahrheit der Geisteswissenschaft Rudolf Steiners besteht darin, dass dieser jedes Phänomen von immer neuen Gesichtspunkten beschreibt. Mit dem Beschreiten dieses mittleren Weges vermeidet er stets nicht nur den Dogmatismus, den billigen Trost jeder geistigen Ohnmacht, sondern auch den Wahrheitsrelativismus, den eifrigen Diener aller irdischen Macht, der heute überall hinter der Maske der Toleranz jeder beliebigen Meinung auftritt. Ist das obere Ziel der Anthroposophischen Gesellschaft Meinung und Gegenmeinung in die Welt zu bringen? Werden durch die erwähnte Veröffentlichung die Menschen sich bestätigt fühlen dürfen, die meinen, dass die Anthroposophie, so wie sie von der Anthroposophischen Gesellschaft vertreten wird, unchristlich ist?

Jedes Mitglied der Anthroposophischen Gesellschaft ist durch die objektive Tatsache seiner Mitgliedschaft an diesem Wirken des Vorstands karmisch mitschuldig – ob das ihm bewusst ist oder nicht. Durch die Weihnachtstagung 1923/24, wenn vom christlichen Geist inspiriert, konnte Rudolf Steiner nur die Aufhebung aller Machtansprüche der irdischen Institution im Sinn haben. Umgekehrt hat die real entstandene Anthroposophische Gesellschaft eine Selbstheiligung als irdische Institution daraus gemacht. In einer für ihn selbstverständlichen Nebenbemerkung sagt Rudolf Steiner diesbezüglich am 26.12.17: „Anthroposophisch orientierte Geisteswissenschaft kann sich allerdings nicht zu einer irdischen Institution bekennen, denn eine irdische Institution würde mit ihren Ansprüchen bloße Machtansprüche entfalten." Die erwähnten Taten des Vorstandes beweisen symptomatisch, dass ihm die eigene

Macht wichtiger ist als die Anthroposophie und die Wahrheit über den Christus – für Rudolf Steiner das Allerwichtigste, wovon unendlich viel im Schicksal der Menschheit abhängt.

Ich bin jedem dankbar, der mir hilft, die Wahrnehmung dieser Tatsachen jedem Mitglied der Anthroposophischen Gesellschaft zu ermöglichen. Auf welche Weise jedes einzelne Mitglied zu diesen Wahrnehmungen Stellung nimmt, ist seine ganz individuelle Angelegenheit. Ich hätte gerne weiterhin die Sicht Rudolf Steiners über den Islam nicht ohne weitere Erklärung in die Öffentlichkeit gebracht, wenn ich nicht in den Taten des Vorstands eine Herausforderung an die geistige Welt sehen würde.

Der heutigen Menschheit, die Unsägliches unter dem Geist der Unwahrheit zu leiden hat, wünsche ich recht viele Menschen, die noch die Fähigkeit haben, vom Erschütternden erschüttert zu werden. Und das Erschütternde liegt weniger dann vor, wenn der Vorstand der Anthroposophischen Gesellschaft die erwähnte Veröffentlichung vornimmt, als wenn über 50.000 Mitglieder in der Öffentlichkeit darüber schweigen.

Pietro Archiati, Dez. 2001

☐ ☐ ☐

Im Goetheanum-Blatt vom 17.02.2002, in den Nachrichten für Mitglieder der Anthroposophischen Gesellschaft, (S. 45/6), versucht die Herausgeberin der „Esoterik der Weltreligionen" mit einem langen Zitat Rudolf Steiners ihre Entscheidung zu rechtfertigen, durch die Tat der Veröffentlichung dasjenige überall in der Welt zur Wirksamkeit zu bringen, was aus der Sicht Rudolf Steiners als die denkbar größte Christuslästerung und Verleumdung der Anthroposophie aufgefasst werden muss. Das von ihr angeführte Zitat (vom 11.02.1919, aus GA 193) bezieht sich auf die innere Haltung, die jeder Mensch den Gedanken jedes anderen Menschen gegenüber haben sollte, auch wenn er die Überzeugung hat, dass der Andere sich irrt. Diese Äußerungen Rudolf Steiners haben aber nichts damit zu tun, ob etwas veröffentlicht werden soll oder nicht. Dieser elementare Unterschied wird von der Herausgeberin gänzlich ignoriert.

Eine persönliche Bemerkung soll mir hier gestattet sein: Als ich 1995 bei der Weltreligionen-Tagung in Dornach zu den Rednern gehörte, habe ich das persönliche Gespräch mit I. Abouleish gesucht. Ich hatte, und habe bis heute, ehrliches Interesse an dem was er denkt und was in ihm lebt, und ich achte es, wie irrtümlich auch immer es mir erscheinen mag. Eine Frage, die ich ihm damals stellte - noch bevor ich meinen Vortrag hielt, der vor seinem kam - war mir die allerwichtigste: „Denken Sie, dass der Geist, der den Koran inspiriert hat, ein Geist ist, der mit Christus und im Sinne Christi wirkt, oder ein Geist, der die entwicklungsnotwendige Aufgabe hat, als Gegenkraft zum Christus-Impuls zu wirken?" Ich habe noch den betroffenen, ich möchte fast sagen, tief beleidigten Ausdruck seines Gesichtes vor mir, als er mir erwiderte: „Aber selbstverständlich ist Mohammed vom christlichen Geist inspiriert worden, der Geist des Korans ist doch ganz und gar christlich." Eine zweifache Gewissheit leuchtete schmerzhaft in dem Moment in mir auf: erstens, dass ich es unmöglich mit meinem Gewissen vereinbaren könnte, mit diesem Menschen weiter zu wirken (bei allem inneren Interesse an ihm und Achtung seiner Überzeugungen) und zweitens, dass einer Anthroposophischen Gesellschaft, deren Vorstand diesen Menschen einlädt - seine Grundüberzeugung damals schon lange kennend-, die Förderung des Christus-Geistes und der zentralen Wahrheit der Anthroposophie weniger wichtig sein muss, als die Förderung der eigenen Macht. Als tief wahr empfand ich Rudolf Steiners Worte: „Eine Institution, die von einem gewissen Geist als ihrer Seele durchtränkt war, kann als Institution, wenn sie sich erhält, nur für das Vergangene kämpfen" (Am 03.06.1920, GA 198) Unter „einem gewissen Geist als ihrer Seele" verstehe ich in diesem Fall die Individualität Rudolf Steiners bis zu ihrem Tod. Wenn die Weihnachtstagung 1923/24 eine reine Teilhabe am Urphänomen des

Christusereignisses darstellt, dann gehört der Verrat unvermeidbar dazu, ein Verrat der nicht von Außen kommen kann, sondern der vom inneren Kreis kommen muss. Dies bedeutet aber nicht, dass eine solche Tatsache den Betreffenden voll bewusst ist. Um nicht durchschaut zu werden, bedienen sich die sehr schlauen antichristlichen Mächte lieber und wirkungsvoller der guten Intentionen der Menschen, als der schlechten. Und gute Intentionen kann jeder haben, und im Grunde hat sie jeder. Damals konnte ich nicht ahnen, dass einige Jahre später der Vorstand so weit gehen würde, die Einladung zu wiederholen und noch dazu die größte Christuslästerung, die größte Verleumdung Rudolf Steiners zu veröffentlichen. Dazu seien folgende Worte Rudolf Steiners angeführt: „Und es ist schon eine wichtige magische Verrichtung, das Unwahre in der Welt so zu verbreiten, dass es wie das Wahre wirkt. Denn in dieser Wirkung des <Unwahren wie des Wahren> liegt eine ungeheure Kraft des Bösen. Und diese Kraft des Bösen wird von den verschiedensten Seiten her ganz gehörig ausgenützt" (Am 20.01.1917, GA 174). Ich habe damals in der Zeitschrift Info3 (z.B. Mai 1996 am Schluss des Interviews) auf diese ganze Problematik aufmerksam gemacht. Die Mitgliedschaft hat meine Beiträge ignoriert, mich als anmaßenden Störenfried behandelt und der damalige Vorsitzende schrieb wirkungsvoll, unwidersprochen in einem Text der mehrere Unwahrheiten enthält, dass meine Bemühungen die Anthroposophische Gesellschaft „eher beschädigen als aufbauen." (Das Goetheanum, Mitteilungen vom 23.02.1997, S. 283).

Dass das Denkvermögen eines Menschen, der sich in einer Machtposition befindet, die elementarste Unterscheidung nicht treffen kann und Worte Rudolf Steiners missbraucht, um die Veröffentlichung der größten Christuslästerung zu rechtfertigen, ist für den nicht weiter verwunderlich, der die Sachzwänge der Macht etwas kennt. Wenn aber das Denken von Tausenden von Mitgliedern so geartet ist, dass es diese Veröffentlichung und ihre „Rechtfertigung" gut heißt, dann ist der Nachweis erbracht, dass folgende Worte Rudolf Steiners eine Prophetie darstellen, welche die jetzige Lage sehr genau beschreibt: „Immer kommt es darauf an, wenn es sich um Anthroposophie handelt, dass eine gewisse Seelenhaltung eintritt, nicht bloß das Behaupten eines andern Weltbildes, als man es im gewöhnlichen Bewusstsein hat. Das hat man eben nicht mitgemacht, die <Philosophie der Freiheit> anders zu lesen, als andere Bücher gelesen werden. Und das ist es, worauf es ankommt, und das ist es, worauf jetzt mit aller Schärfe hingewiesen werden muss, weil sonst eben einfach die Entwicklung der Anthroposophischen Gesellschaft ganz und gar zurückbleibt hinter der Entwicklung der Anthroposophie. Dann muss die Anthroposophie auf dem Umwege durch die Anthroposophische Gesellschaft von der Welt ja gänzlich missverstanden werden, und dann kann nichts anderes herauskommen als Konflikt über Konflikt!" (Am 06.02.1923, GA 257).

Die Anthroposophische Gesellschaft beansprucht, der offizielle Vertreter und Förderer der Anthroposophie Rudolf Steiners zu sein. Die Entscheidung des Vorstandes, die denkbar größte Christuslästerung zu veröffentlichen beinhaltet weniger die Verantwortung für den theoretischen Inhalt — diese wird von der Herausgeberin im Vorwort den Autoren überlassen — als vielmehr die unvergleichbar gewichtigere Verantwortung für die Initiative und die Tat der Veröffentlichung, wodurch Inhalte die zunächst nur in der Innerlichkeit der Menschen als Wahrheit oder Irrtum leben, überall in der Welt zur äußeren Wirksamkeit gebracht werden. Es ist die Verantwortung für die Art und Weise, wie eine Unwahrheit, die das Wesen der Anthroposophie in das Gegenteil verkehrt, durch die Veröffentlichung in der Menschheit wirkt. Dazu Rudolf Steiner am 24.06.1920 (GA 197): „Ja, im äußeren physischen Leben, das ja jetzt gerade deshalb dem Niedergang entgegengeht, hat man immer nicht bemerken wollen die Funktion, die einschneidende Bedeutung der Unwahrheit. Auch wenn sie nicht beabsichtigt ist, wirkt die Unwahrheit doch zerstörend. Auf dem Boden, auf dem anthroposophisch orientierte Geisteswissenschaft steht, müsste man unter allen Umständen einsehen: Das, was im physischen Leben eine zerstörende Bombe ist, das ist im Geistigen eine Unwahrheit. Sie ist eine zerstörende Kraft, ein zerstörendes Instrument, und zwar ein

ganz real zerstörendes Instrument." Und am 05.09.1920 (GA 199) sagt er: „Und so weit ist es gekommen, dass wir lügen, indem wir vorgeben, noch Christen zu sein, während wir die Hand bieten zur Verbreitung einer Weltanschauung, die widerchristlich, antichristlich ist." Auch folgende Worte, in einem anderen Zusammenhang geäußert, gelten nicht weniger für unseren Fall: „...wenn er... ganz bewusst die Unwahrheit hinschreibt — und dies nennt man lügen. Und wer dawider etwas hat, dass man das sagt, der liebt die Lüge. Und wer sagt, wir polemisierten zuviel, wenn wir die Wahrheit richtig bezeichnen, der hat keinen Sinn für Wahrheit und liebt die Lüge. Und die Lüge lieben, das sollte nicht unser Geschäft sein innerhalb der anthroposophischen Bewegung, sondern wir müssen die Wahrheit lieben. Gefühlt muss werden das ganze Gewicht dieser Worte: die Wahrheit lieben und nicht die Lüge lieben um der Konvention willen, um des angenehmen gesellschaftlichen Lebens willen. Denn nachsichtig sein mit der Lüge, ist gerade so viel schon, wie die Lüge lieben. Die Welt aber wird in der nächsten Zeit nicht durch das frivole Gleichgültigsein gegenüber der Unwahrheit, sondern allein durch das freie und frische Sich-Bekennen zur Wahrheit weiterkommen. [...] Denn zur rechten Liebe gehört ja Enthusiasmus für die Wahrheit. Und weiterkommen wird die Welt nur durch diesen Enthusiasmus für die Wahrheit." (Am 22.11.1920, GA 197) (Ähnliche Äußerungen hat Rudolf Steiner sehr oft gemacht; ich habe hier nur ganz wenige Bände der Gesamtausgabe herangezogen)
Es ist der Menschheit zu wünschen, dass es genügend Menschen gibt, die in der Gleichsetzung von Mohammed-Geist und Christus-Geist unter dem Thema „Islam und Anthroposophie" die lügenhafteste Verleumdung Rudolf Steiners und seiner Anthroposophie sehen, die man sich nur denken kann. Und wenn der Vorstand so weit geht, diese Verleumdung zu veröffentlichen — und noch dazu mit Worten Rudolf Steiners im Goetheanum-Blatt zu „rechtfertigen" — dann wünsche ich der Menschheit viele Menschen, die den Mut haben, Rudolf Steiner nicht als einen intoleranten Dogmatiker oder als einen fanatischen Fundamentalisten zu betrachten, wenn er seinen Zuhörern zuruft: „ Wer aber über diese Dinge nicht entsetzt sein kann, der hat auch nicht die Kraft, den Sinn für die Wahrheit zu entwickeln. Das ist dasjenige, worauf heute hingewiesen werden muss, dass eine gesunde Entrüstung über das Ungesunde der Quellpunkt sein muss für die Begeisterung für die neuen notwendigen Wahrheiten" (Am 09.03.1920, GA 197). Diejenigen, die in diesen Worten den Geist des Dogmatismus oder des Fanatismus sehen, müssten, wenn sie ehrlich sind, denjenigen um so mehr als dogmatisch und fanatisch ansehen, der vor 2000 Jahren so kompromisslos, so wenig „tolerant" der Unwahrheit gegenüber war, dass er deshalb zu Tode gebracht wurde.
Ich möchte mit folgenden Worten Rudolf Steiners schließen (Am 18.09.1920, GA 199): „Und diejenigen, die das Christentum zu verkünden haben, würden um des Christentums willen den Materialismus der Universitäten bekämpfen müssen. Dass man es nicht tut, dass man die Dinge zusammenleimen will, das ist die große Lebenslüge unserer Zeit. Und wo die Gesinnung der Lügenhaftigkeit herrscht, da dehnt sich die Saat, da dehnt sich der Keim des Lügens aus, da schleicht er in die andern Lebensverhältnisse hinein".

Pietro Archiati, Feb. 2002
75378 Unterlengenhardt"

== Werke (in Auswahl) ==

* Pietro Archiati: "Erneuertes Christentum und Wiederverkörperung", Verlag Freies Geistesleben, Stuttgart 1996
* Pietro Archiati: "Jahrtausendwende - Menschheit wohin?", Verlag Freies Geistesleben, Stuttgart 1997
* Pietro Archiati: "Christentum oder Christus?", Verlag am Goetheanum, Dornach 1995

* Pietro Archiati: "Die Weltreligionen. Wege des Menschen zu sich selbst", Verlag am Goetheanum, Dornach 1997

* Pietro Archiati: "Die Überwindung des Rassismus durch die Geisteswissenschaft Rudolf Steiners", Verlag am Goetheanum, Dornach 1997

* Pietro Archiati: "Was ist Reinkarnation und Karma?", Verlag am Goetheanum, Dornach 1998

* Pietro Archiati: "Macht oder Menschlichkeit - Geld und Geist in der Weltwirtschaft", DreiEins Verlag, Bielefeld 2000

* Pietro Archiati: "Wie wird Weihnachten wieder echt?" (Vortragsmitschnitte auf 5 Hörbuch-CD's), Archiati Vlg., Bad Liebenzell 2011

* Pietro Archiati: "Mit Engeln und Verstorbenen leben". Die Menschheit an der Schwelle zum Geist, Archiati Vlg., Bad Liebenzell 2011

* Pietro Archiati: "Islam und Christentum". Eine herausfordernde Liebesbeziehung, Archiati Vlg., Bad Liebenzell 2006

* Pietro Archiati: "Kunstwerk Biografie". Eine Entdeckungsreise durch den Lebenslauf des Menschen, Archiati Vlg., München 2006

* Pietro Archiati: "Aus meinem Leben". Meine Erfahrung mit Kirche und Anthroposophie, Archiati Vlg., München 2004

* Pietro Archiati: "Geisteswissenschaft im 3. Jahrtausend. Anlässlich der Erscheinung von SKA Band 5", Rudolf Steiner Ausgaben, Bad Liebenzell 2013 (Neuauflage unter dem Titel: "Der Intellektualismus und die Anthroposophie. Eine Einführung in die Geisteswissenschaft Rudolf Steiners", Rudolf Steiner Ausgaben, Bad Liebenzell, 4. erweiterte Auflage 2014)

Zur Überbevölkerung der Erde

Es leben derzeit fast 8 Milliarden Menschen auf der Erde. In früheren Zeiten betrug die Weltbevölkerung kaum mehr als 2 Milliarden Menschen.
Die stärksten Bevölkerungszuwächse finden in Afrika und Asien statt. Da insbesondere Afrika weitgehend wirtschaftlich instabil ist, und den Bevölkerungszuwachs kaum mehr ernähren kann, dürften von dort immer mehr Menschen Richtung Europa streben, wo eine überalterte Gesellschaft im relativen Wohlstand zu schrumpfen beginnt.
Aus bevölkerungspolitischer Sicht ist ein steigender Wohlstand ehemals ärmerer Bevölkerungsgruppen die beste Bevölkerungswachstumsbremse.
In China wurde das Bevölkerungswachstum bereits künstlich durch die Ein-Kind-Politik gebremst. Dies führte aber zu einem stark überproportionalen Männerüberschuß, da Mädchen und Frauen, wie in Indien, auch in China traditionell als unnütze Esser gelten, so daß viele weibliche Föten abgetrieben wurden.
Es stellt sich aber auch generell die Frage nach der Herkunft so vieler Lebenskeime und Seelen, die sich irdisch inkarnieren wollen. Neben der Existenz von sogenannten „Heuschreckenmenschen" (bis zu einem Drittel der Menschheit), muß mit einer raschen Beschleunigung der Inkarnationsfolgen auf der Erde, aufgrund der sehr raschen technischen, ökonomischen und ökologischen Veränderungen auf der Erde, gerechnet werden, was zumindest teilweise die derzeitige Überbevölkerung erklären könnte.

Angesichts weltweit zunehmend knapperer ökologischer und materieller Ressourcen, könnte eine weiter stark anwachsende Weltbevölkerung zu Zuständen führen, wie sie Hans-Magnus Enzensberger in seinem Werk „Aussichten auf den Bürgerkrieg" beschreibt.
Rudolf Steiner sagte bereits Anfang der 20er Jahre des letzten Jahrhunderts voraus, dass die Bevölkerung in Mitteleuropa einem Vorspiel des Kampfes „Jeder gegen jeden" entgegenlaufen wird.

Liberale Anthroposophie

Unter dem wohlklingenden Namen **Liberale Anthroposophie** kommt neuerdings eine Denkrichtung aus dem Hause der Info 3-Redaktion daher, welche Aussagen Rudolf Steiners immer mehr aufweicht, um auch intellektualistisch anschlußfähig an neuere akademische Denkrichtungen zu sein, wie die Rassismus- und Antisemitismus-Forschung, den Gender-Mainstream-Lifestyle, die religiöse Indifferenz eines "Weltethos", den Ken Wilberismus, den Utilitarismus und Hedonismus sowie ähnliche Preziosen mehr. So wird Rudolf Steiners Geistesforschung zurechtgestutzt und als im wesentlichen nicht neue Interpretation und Wiedergabe längst publizierter akademischer und historischer Texte dargestellt. Der ureigene Beitrag aus Steiners originärer Geistesforschung wird dabei auf eine Vermengung der Resultate des Deutschen Idealismus und europäischer Mystik verengt. "Helmut Zander geht zweifelsohne zutreffend davon aus, dass die Steiner-Interpretation individualisiert und pluralisiert werde – in rein selektiver Aneignung, vermischt mit anderen esoterischen Weltanschauungen oder durch die Sprachgrenzen einer sich globalisierenden anthroposophischen Gemeinde. Ich meine zusätzlich, dass man – für den deutschsprachigen Raum – aber durchaus ideologische Konturen sehen kann, in denen sich so manche „Individualisierung" und „Pluralisierung" einpendelt. Die Alternative lautet nicht: orthodoxe Anthroposophie oder irgendwie geartete Erosion. Die „liberale" Anthroposophie, die sich als solche von den traditional-anthroposophischen Dogmen loslöst, ist nicht mit dem Unsichtbarwerden von Anthroposophie identisch. Sondern hier formen sich ganz eigene Dogmen: Betont wird ein verkitschtes Steinersches „Frühwerk", das als einzige legitime Urteilsgrundlage für die gesamte Steinerdeutung gelten soll. Ferner werden die höheren Wesen und Welten Steiners als Bilder und Veranschaulichungen ins Subjekt hineingelegt. Schließlich werden so auch Steiners Selbstdeutungen relativiert: Aus dem „Mysterium von Golgatha" werden biographisch-psychologische Phasen des Gurus gemacht." (https://waldorfblog.wordpress.com/2015/01/12/anthroposophische-reformation/) Diese Vorgehensweise kommt einer Einsargung der Anthroposophie gleich, wie Pietro Archiati in seinem Werk „Der Intellektualismus und die Anthroposophie. Eine Einführung in die Geisteswissenschaft Rudolf Steiners" (Rudolf Steiner Ausgaben, Bad Liebenzell, 4. erweiterte Auflage 2014), kritisch anmerkt. Eine Verintellektualisierung der Anthroposophie, ja mehr noch, auch die Loslösung des Wesens Anthroposophia von der Anthroposophischen Gesellschaft droht, indem von dieser solche Fehlentwicklungen unkritisch gefördert werden. Die neue SKA liegt genau in dieser Richtung.

"(Jens) Heisterkamp ist ein Vorreiter derer, die sich bewusst und kraftvoll von Steiner distanzieren. Man kann sagen: Sie stellen sich auf seine Schultern und treten ihn in den Schlamm. So sei zum Beispiel neben vielem anderen Steiners „sprachliche Diktion" heute überholt. Aber natürlich darf auch der übliche Seitenhieb auf Steiners „Rassismus" nicht fehlen: Es gelte, „den zeitlichen Abstand zu einer Gründerfigur aus der Spätkolonialzeit" ins Bewusstsein zu rufen.

Gleichzeitig beruft er sich aber auf den „Humanismus und Individualismus in Steiners Denken"." (http://www.holger-niederhausen.de/index.php?id=951)

"Eine konkrete geistige (Welt) mit realen Wesen wird ... einfach nicht mehr ertragen. Ebenso wenig aber eine konkrete Geschichte, die neben der Bewusstseinsgeschichte sehr wohl immer bestimmte Völker kannte, die jeweils spezifische Impulse in die Menschheitsentwicklung einfließen ließen. Aber all dies ist ja „diskriminierend" – und die Existenz höherer geistiger Wesenheiten wäre ja ebenfalls „diskriminierend". Bottom-up ist das Stichwort: Nichts außer dem Menschen und einem abstrakten „Geist". Unter diesen Prämissen fühlt sich das „post-post-moderne" Bewusstsein wieder wohl..." "Letztlich dekonstruiert Heisterkamp in seinem Eifer für eine neue New-Age-Anthroposophie im Zeichen Ken Wilbers sogar die zentrale Idee der Reinkarnation..." "Damit sind wir fast bei der völligen Leugnung des individuellen Geistes angekommen – dem eigentlichen Geheimnis des Christentums. Heisterkamp erweist sich wie die meisten New-Age-Anhänger als Vertreter derjenigen arabistischen Anschauung, die den individuellen Geist allenfalls zeitweise gelten ließen, ihn nach dem Tod aber wieder in den All-Geist zurückkehren wissen wollten. Die Individualität und ihre Ewigkeit wird ausgelöscht. An ihre Stelle tritt ein abstraktes „anthropisches Prinzip" und ein abstraktes, seichtes Gerede von einem „schöpferischen Spiel entwickelter, reifer und immer umfassender werdender Individuen..."" (http://www.holger-niederhausen.de/index.php?id=951)

Rudolf Steiner selbst wies auf die drohende Gefahr bereits 1919 hin:

„"Es könnte möglich sein, daß sich einmal die Anthroposophie von der Anthroposophischen Gesellschaft lösen müßte. Es dürfte nicht sein, aber die Möglichkeit dazu wird bestehen. Wenn ich einmal nicht mehr da bin, wird eine Verintellektualisierung der anthroposophischen Geisteswissenschaft kommen. Das ist eine große Gefahr. Denn das bedeutet die Stagnation der ganzen Bewegung.""

– Rudolf Steiner, zitiert nach Adelheid Petersen[1]

.

Quellen

1. Rudolf Steiner über Vortragstätigkeit und Zweigarbeit. In: Erika Beltle/Kurt Vierl (Hg.): Erinnerungen an Rudolf Steiner, Vlg. Freies Geistesleben, Stuttgart 2001, Seite 237

Vorlesen für die Toten

Eine alte anthroposophische Tradition, die aber allmählich immer mehr vergessen zu werden droht, ist die Hinwendung zu den Verstorbenen, durch ein bewußtes **Vorlesen für die Toten**. Um so wichtiger ist diese auf Angaben Rudolf Steiners beruhende Praxis gerade für die Gegenwart, denn bittere Not herrscht unter den Toten, wenn sie durch unsere Gedanken und Taten keinerlei seelische Nahrung und Unterstützung erhalten.

"… Und so wie für die Toten gleichsam ein Boden, aus dem sie so etwas ziehen wie geistige Nahrung, unsere schlafenden Seelen sind, so wiederum ist etwa für das Wahrnehmungsvermögen der Toten dasjenige, was wir wissend an spirituellen Vorstellungen durch unsere Seelen ziehen lassen. Deshalb ist es, dass ich angeraten habe denjenigen, deren Angehörige vor ihnen gestorben sind, diesen Toten vorzulesen. Wenn wir uns den Toten vorstellen und durch unsere Seele ziehen lassen, gleichsam nur in Gedanken lesend, irgend etwas, was spirituelle Wissenschaft darstellt, dann betrachtet dies der Tote. Er beobachtet dies, er nährt sich durch die unbewusste Nachwirkung der spirituellen Vorstellung, und er lebt auf in seinem eigenen Bewusstsein durch das, was man ihm so vorliest. Der Verstorbene fühlt sich getragen, gehalten. … So müssen wir uns klar sein, dass eine fortwährende Wechselbeziehung ist zwischen der physischen und der geistigen Welt. Es wäre leicht einzuwenden, dass der Tote ja in der geistigen Welt sei. Wozu brauche er dann unser Vorlesen? Ja, er ist in der geistigen Welt. Aber die Begriffe der Geisteswissenschaft müssen auf Erden erzeugt werden und können nicht anders erzeugt werden als durch das Erdengemüt der Menschen, so dass der Tote zwar die geistige Welt um sich herum hat, aber die Begriffe, die er gerade braucht, die können ihm zufließen, ihn tragend, ihn hebend in seinem Bewusstsein dadurch, dass wir sie ihm zufließen lassen von der Erde aus. Und da die innigste Beziehung besteht zwischen den Toten und denjenigen, mit denen sie gelebt haben, so sind die besten Vorleser für die Toten diejenigen Menschen, die um den Verstorbenen gelebt haben, die mit ihm verbunden oder befreundet waren, oder die sonst eine reale Beziehung vor dem Tode zu ihnen gehabt haben." "Man kann nämlich in der Tat, wie es sich gezeigt hat gerade innerhalb unserer anthroposophischen Bewegung, außerordentliche Dienste leisten den vor uns hingestorbenen Menschenseelen, wenn wir ihnen von spirituellen Dingen vorlesen. Das kann so gemacht werden, dass man die Gedanken an den Verstorbenen richtet und, um eine Erleichterung zu haben, versucht, ihn zu denken, wie man sich seiner erinnert: vor einem stehend oder sitzend. Man kann das mit mehreren zugleich machen. Man liest dann nicht laut vor, sondern verfolgt mit Aufmerksamkeit die Gedanken, immer mit dem Gedanken an den Toten: der Tote steht vor mir. Das ist Vorlesen den Toten. Man braucht kein Buch zu haben, aber man darf nicht in abstrakter Weise denken, sondern muss tatsächlich jeden Gedanken durchdenken: so liest man vor den Toten. Man kann es sogar so weit bringen, obzwar das schwieriger ist, dass, wenn man innerhalb einer gemeinsamen Weltanschauung, oder über irgendein Gebiet des Lebens überhaupt, einen gemeinsamen Gedanken mit dem Toten gehabt hat und eine persönliche Beziehung zu ihm hatte, man auch einem Fernerstehenden vorlesen kann. Das geschieht so, dass er durch den warmen Gedanken, den man an ihn richtet, nach und nach auf einen aufmerksam wird. So kann es sogar nützlich werden, wenn man Fernerstehenden nach ihrem Tode vorliest. Dieses Vorlesen kann zu jeder Zeit geschehen. Ich bin schon gefragt worden worden, zu welcher Stunde man das am besten tut. Das ist ganz unabhängig von der Stunde. Man muss nur die Gedanken wirklich durchdenken. Oberfläche genügt nicht. Wort für Wort muss man die Sachen durchgehen, wie wenn man es innerlich aufsagen würde. Dann lesen die Toten mit. Und es ist auch nicht richtig, wenn man glaubt, dass solches Vorlesen nur denjenigen nützlich sein kann, welche der Geisteswissenschaft im Leben nahegetreten sind. Das braucht durchaus nicht der Fall zu sein. So sehen wir, dass durchaus nicht notwendigerweise derjenige, dem wir helfen wollen, dem wir dienen wollen nach dem Tode, im Leben Anthroposoph gewesen zu sein braucht." "… Es hat sich wirklich das bewährt: da ist jemand gestorben; hier im Leben hat er sich aus irgendeinem Grunde … nicht mit Geisteswissenschaft befasst. Derjenige, der zurück geblieben ist, kann aus der Geisteswissenschaft heraus wissen, dass der Verstorbene ein brennendes Interesse für Geisteswissenschaft haben kann. Wenn der Zurückgebliebene nun Gedanken innerlich durchnimmt mit ihm, als wenn der Tote ihm gegenüberstehen würde, mit dem Gedanken, als ob der Tote vor ihm stehen würde, so ist das für den Toten eine grosse Wohltat. Wir können tatsächlich dem Toten vorlesen. Das überbrückt sozusagen die Kluft, die besteht zwischen den Lebenden und den Toten. Bedenken Sie, wenn die zwei Welten, die durch die materialistische Gesinnung der Menschen so geschieden sind — die Welt des physischen Planes und die spirituelle Welt, die der Mensch durchläuft zwischen Tod und neuer Geburt —, bedenken Sie, wie dies unmittelbar ins Leben eingreift, wenn diese zwei Welten zusammengeführt werden! Wenn Geisteswissenschaft nicht Theorie bleibt, sondern unmittelbarer Lebensimpuls wird, also das, was Geisteswissenschaft eben sein soll, dann gibt es keine Trennung, sondern unmittelbare Kommunikation. Das Vorlesen den Toten ist einer von den Fällen, in denen wir in unmittelbare Beziehung zu den Toten treten können, in denen wir ihnen helfen können. Derjenige, der Geisteswissenschaft gemieden hat, bleibt immer in der Qual, nach ihr zu verlangen, wenn wir ihm hier nicht helfen. Aber wir können ihm auch von hier helfen, wenn er überhaupt ein solches Verlangen hat. So kann der Lebendige dem Toten helfen."

(aus Vorträgen Rudolf Steiners, hier zitiert nach http://www.sterbekultur.ch/index_htm_files/3.2%20Vorlesen%20den%20Toten.pdf)

Es empfehlen sich die Grundwerke Rudolf Steiners, wie "Theosophie" (GA 9), vor allem die Passagen zum Seelen- und Geisterlande, und "Die Geheimwissenschaft im Umriß", vor allem die Passagen zur Welt- und Menschheitsentwicklung, (GA 13), wegen deren gedanklicher Klarheit, sowie "Anthroposophische Leitsätze" (GA 26), wegen deren gedanklicher Dichtigkeit und um beim Toten Verständnis für das Wesen der Anthroposophie wecken zu können, zum Vorlesen für die Toten.

Diese Werke können stumm oder auch halblaut gelesen werden. Es empfiehlt sich vorweg eine Visualisierung der Toten für die gelesen werden soll.

Literatur

* Michael Debus/Gunhild Kacer: *Das Handeln im Umkreis des Todes*. Fragen zur Bestattung, Selbstverlag Anthroposophische Gesellschaft Stuttgart, Stuttgart 1996, S. 59ff

* Arie Boogert: *Wir und unsere Toten*, Urachhaus Vlg., Stuttgart 1993, S. 164ff

Sechzehn Wege des Verderbens

"In der vierten Unterrasse der sechsten Wurzelrasse setzt sich das Rad (der Chakren) erst in Bewegung. Wenn dieses Rad in Bewegung versetzt ist, wird der Mensch sein Wort der Astralwelt übergeben. Was dann der Mensch spricht, wird unmittelbar wirken auf seinen Mitmenschen. So zum Beispiel wird der Mitmensch das Wohlwollen fühlen, welches durch das Wort ausgedrückt wird. er wird jedes Wort fühlen. Der menschliche Manu der sechsten Wurzelrasse, der diese Rasse leiten wird, er, der der erste *menschliche* Manu ist, kann erst mit den Menschen reden, wenn der Mensch soweit ist, als daß er mit dem Meister sprechen kann und das kann er erst, wenn dieses Chakram ganz entwickelt ist, wenn das Wort des Menschen unmittelbar in den Strom der Räder übergeht. Der normale Mensch erreicht das in der vierten Unterrasse der sechsten Wurzelrasse. Ein Zurückbleiben würde bewirken, daß die 16 Speichen nicht alle entwickelt sind. Dann könnte der Mensch nicht vor dem Meister sprechen, so daß er auf dieser Stufe der Evolution nicht von dem Meister geführt werden könnte. Es ist besonders wichtig, dieses Chakram auszubilden, und das hängt davon ab, ob der Mensch sich das Verwunden durch die Stimme abgewöhnt. Die Menschen haben 16 Gelegenheiten - durch 16 Unterrassen hindurch - dieses Chakram auszubilden. Wenn sie es nicht tun, so gehen sie die **16 Wege des Verderbens** durch das Wort." (Rudolf Steiner, GA 89, S. 181).

"Im Laufe der Erdentwickelung ist eine ganze Reihe von Rassen entstanden und in Dekadenz geraten. Die Atlantier sind vorgeschritten durch die Rassen hindurch; die Rassen sind verschwunden, aber die Menschenseelen sind übergegangen in andere, höhere Rassen. Für die aber, die stehenbleiben wollen, die mit der Rasse verwachsen wollen, gibt es die Möglichkeit, daß sie «durch ihre eigene Schwere» heruntersteigen und aufgehen im Materiellen. 16 Möglichkeiten gibt es, mit der Rasse zu verwachsen; man nennt sie die **16 Wege des Verderbens**. So sehen wir, wie es tatsächlich möglich ist, daß der Mensch so verwächst mit der einen Inkarnation, daß er sozusagen hinter der Evolution zurückbleibt. Seine anderen Seelenbrüder sind dann auf einer höheren Stufe, wenn er in einer neuen Inkarnation wiederkehrt. Er aber muß sich dann begnügen mit einer minderen Inkarnation, wie sie ihm geblieben ist von irgendeiner dekadenten Rasse. Das braucht keinem Menschen Furcht einzujagen. Für niemanden liegen heute die Wege so, daß er etwas nicht wieder einholen könnte und damit aus der Evolution herausfallen müßte. Aber wir müssen uns doch diese Möglichkeit vor die Seele rücken. Nehmen wir einmal den extremsten Fall: Ein Mensch verwächst so dicht wie möglich mit dem, was das Wesen einer Inkarnation ausmacht. Er kann es nicht gleich, denn er ist nicht stark genug, um es auf einmal zu tun, aber in einer Zeit von **16 Inkarnationen** könnte er es tun, würde er die 16 Fehlwege gehen. Nehmen wir an, er könnte es, dann würde er folgendes erreichen. Die Erde mit ihren Seelen wartet nicht, sie schreitet vorwärts. Aber da das Materielle immer doch ein Ausdruck ist für ein Seelisches, so kommt ein solcher Mensch zuletzt auf einer Stufe an, wo er keine Möglichkeit mehr findet, einen Körper für sich zu bekommen, weil es tatsächlich möglich ist, daß keine Körper mehr da sind für solche Seelen, die zu sehr verwachsen sind mit der Körperlichkeit. Solche Seelen verlieren dabei die Möglichkeit, sich zu inkarnieren und finden keine andere Gelegenheit." (Rudolf Steiner, GA 102, Seite 174ff).

Das wird erst im nächsten großen Hauptzeitraum eintreten (der jetzige Hauptzeitraum ist der der nachatlantischen Zeit). Die sechzehn Wege des Verderbens bestehen aus jeweils zwei Inkarnationen in einer Kulturepoche (=Unterrasse), beginnend mit der gegenwärtigen Zeit, der nachatlantischen Zeit (=Wurzelrasse), ebendort in der 6. Kulturepoche (slawische Unterrasse). Je 2 Verkörperungen, eine als Mann, eine als Frau. Von der der nächsten Kulturepoche mit zwei Verkörperungen ausgehend langte man dann am Ende der vierten Kulturepoche des nächsten Hauptzeitraums an. Danach, also am Ende der vierten Kulturepoche des nächsten Hauptzeitraumes müssen diese sprachlichen (innerlichen) Fähigkeiten, das rechte Wort, was fähig ist den Meister zu erreichen, dann vorhanden, sprich ausgeprägt sein. In ferner Zukunft geht die Weltentwicklung wiederum auf ein androgynes Wesen hin. Schon gegen das 7. Jahrtausend n. Chr. soll eine geschlechtliche Fortpflanzung durch das Jüngerwerden der Menschheit nicht mehr möglich sein. Dann wird der Mensch seinesgleichen ungeschlechtlich durch den Kehlkopf, durch das Wort, hervorbringen. "Jene Verwandlung des Fortpflanzungstriebes, die wiederum eine ungeschlechtliche sein wird, übernimmt alsdann die Funktionen der alten Fortpflanzung." (Rudolf Steiner, GA 99, S 146f). „Nach geisteswissenschaftlichen Erkenntnissen wird in einer zukünftigen, nicht mehr so physischen Erdenmenschheit, die Fortpflanzung durch den Kehlkopf, das dem Fortpflanzungssystem polare Organ, stattfinden, so wie im Anfang des Johannesevangeliums das Entstehen aller Dinge aus dem Worte der Gottheit dargestellt wird. Man beachte, wie der Kehlkopf schon heute mit den Unterleibsorganen eng zusammenhängt, z.B. im Stimmwechsel während der Pubertät. Diese zukünftige Zeugung wird wieder ungeschlechtlich sein." (Lit.: Werner Christian Simonis, Die geistigen Hintergründe zum Entstehen und zum Wandel der Geschlechter, J.Ch. Mellinger Vlg., Stuttgart 1977, S. 47), - (da auch nach 7000 n. Chr. noch weiterhin die aktive bzw. die empfangende Polarität eine Rolle spielen werden, wurde für jede der insgesamt 8 Kulturepochen mit - idealtypisch - 2 Inkarnationen gerechnet). Die 16 Wege des Verderbens führen also dahin, als dass der Mensch dauerhaft unfruchtbar bleibt. Er kann nicht nur kein Leben gebären, sondern auch keine Erkenntnis. Maximal hat der Mensch noch 2 weitere Kulturepochen, in denen er diese Versäumnisse aufholen kann. (6 Kulturepochen a 2 Inkarnationen - regulär - bis hin zur vierten Kulturepoche des 6. Hauptzeitraums + 2 weitere Kulturepochen a 2 Inkarnationen = 16 Inkarnationen insgesamt).

Der sechste Hauptzeitraum (= Wurzelrasse), zeigt mit seiner 6. Kulturepoche (= Unterrasse) zudem - frei nach Fritz Nussbaumer - eine menschheitliche Krise an.

„Kinder statt Inder"?

Der CDU-Politiker Jürgen Rüttgers wurde mit seinem umstrittenen – auf ein potentielles Einwanderungsgesetz gemünzten Spruch „Kinder statt Inder" populär. Das ist zwar schon einige Jahre her, aber die Situation hat sich im Grunde nicht geändert. Und was machen wir, wenn die heutige Jugend angesichts der Schwierigkeiten des heutigen Berufslebens und angesichts der Unmöglichkeit einer bedarfgerechten Kinderbetreuung auch für jeden Schichtarbeiter und jede Schichtarbeiterin (dazu gehören auch Altenpfleger und Krankenpfleger) partout nicht Kinder en masse zeugen will, somit die zahlenmäßige Reproduktion der Bevölkerung nicht klappen wird und die autochthone (also die angestammte) deutsche Bevölkerung mithin zu schrumpfen beginnt?

Mir scheint die Alternative „gesundschrumpfen" oder „Einwanderung um jeden Preis" ein falscher Ansatz zu sein.

Einmal bekäme uns ein gewisses Gesundschrumpfen angesichts der Enge in den Städten und der miserablen Wohnungsversorgung dort gar nicht einmal so schlecht. Würde sich die Situation am Wohnungs- und am Arbeitsmarkt erst einmal entspannen, so würde es mich nicht wundern, wenn der ersehnte Kinderzuwuchs, sich wie von selbst einstellen würde.

Zum anderen ist die Frage, ob wir wirklich weitere Einwanderung benötigen, wenn die potentiellen Kandidaten zur Füllung von Lücken bei der Arbeitskraftnachfrage, tatsächlich bereits im Lande sind. Was wir bräuchten wäre nur eine bessere Synchronisation von Integration und Einbürgerung derjenigen, die jetzt schon willens und bereit sind, eine fachlich einschlägige Ausbildung und anschließende Beschäftigung in Deutschland aufzunehmen. Denn was bringt es, die Menschen erst einmal als Asylbewerber zu alimentieren, wenn diese doch zumindest teilweise den Fachkräftebedarf zu beheben in der Lage wären. Was machen denn Abschiebungen mittlerweile bestens integrierter und von Sozialhilfe unabhängiger Einwanderer für einen Sinn, auch wenn diese zunächst nicht als Arbeitskraft gekommen sind, sondern unter dem Label „Asyl" an unseren Grenzen Einlaß begehrten?

Zahlreiche Firmenchefs jedenfalls raufen sich bereits jetzt die Haare, wenn sie erfahren, dass bereits bestens eingearbeiteten Arbeitskräften nun „plötzlich" die Ausweisung droht!

Denkt man an Politiker wie Jens Spahn (CDU), die keinerlei berufliche Lebenserfahrung außerhalb des Feldes der Politik haben, dann wundert es den Betrachter nicht, dass diese keine adäquate Lösung für anstehende Probleme haben und mit ihren vermeintlichen Lösungen innerhalb des Regierungshandelns alles nur „verschlimmbessert" wird. Es sollte „gute Sitte" werden, dass Politiker nur werden kann, wer eine Weile im Berufsleben gestanden hat (etwa bis zum 35. Lebensjahr) und erst danach zum politischen Entscheider werden darf.

In seinen "Entwicklungsgeschichtlichen Unterlagen zur Bildung eines sozialen Urteils" gibt Rudolf Steiner das notwendige Reifealter mit 35 Jahren an. "Sie

wissen, der einzelne Mensch als Einzelmensch ist heute in der Entwicklung der Bewußtseinsseele begriffen, das heißt, er wird eigentlich nur so recht in die Kräfte eingeführt, die ihm sein Zeitalter geben kann, wenn er über das 35. Jahr hinaus lebt." (Rudolf Steiner: Entwicklungsgeschichtliche Unterlagen zur Bildung eines sozialen Urteils, GA 185a, Dornach 1963, S. 136).

Falsifikation von Felix Hau's Thesen zu Rudolf Steiners Einweihung

Hier eine Chronologie der Ereignisse, die völlig den von Felix Hau in einer Ausgabe der „Zeitschrift INFO 3" verbreiteten Thesen widerspricht:

1880/1881

Rudolf Steiner beschreibt mehrere Begegnungen mit dem Boten des Meisters (Felix Kogutzki), diese datieren z.T. bereits vor dem Brief an Josef Köck, in dem das von Felix Hau erwähnte und später zur „freien Einweihung" umgedichtete Erkenntnisgeschehen „in der „Nacht vom 10. auf den 11. Januar" (1881) sich ereignete.

In GA 262 ist seine Begegnung mit dem Meister in einem Text dargestellt:

Der Wandlung Steiners zum Eingeweihten, die Gegenstand dieses Textes ist, liegt einerseits eine (in GA 262 als Documents de Barr schon immer enthaltene) schriftliche Aufzeichnung von Steiner selbst zu Grunde, andererseits Informationen, die entweder Steiner gegenüber Schuré anlässlich einiger weniger Treffen mündlich geäußert haben muss oder die Marie von Sivers, die auch den Kontakt hergestellt hatte, Schuré zur Kenntnis brachte.

"Im Alter von achtzehn Jahren machte Rudolf Steiner die Bekanntschaft eines wissenden Pflanzenkenners, der sich vorübergehend in seiner Gegend aufhielt. (...) Später erfuhr er, dass dieser sonderbare Mann (Felix Kogutzki, Anm.: MHA) ein Abgesandter des Meisters (wohl Christian Rosenkreuz, Anm.: MHA) war, den er noch nicht kannte, der aber sein eigentlicher Initiator werden sollte und welcher ihn schon aus der Ferne überwachte. (....) Mit neunzehn Jahren begegnete der junge Neophyte seinem Führer - dem Meister -; eine Begegnung, die er seit langem vorausgeahnt hatte. (...) Rudolf Steiners Meister war einer von diesen mächtigen Menschen, die der Welt unbekannt unter der Maske irgendeines bürgerlichen Berufes leben, um eine Mission zu erfüllen, die nur die Gleichgestellten in der Bruderschaft der "Meister des Verzichts" kennen. Sie üben keine sichtbare Wirkung aus auf die menschlichen Ereignisse. Das Inkognito ist die Bedingung ihrer Wirksamkeit, die dadurch eine umso größere Kraft gewinnt. Denn sie erwecken, bereiten vor und leiten solche, die vor aller Augen handeln. Bei Rudolf Steiner war es für den Meister nicht schwer, die erste, spontane Einweihung seines Schülers zu vervollständigen. Er brauchte ihm eigentlich nur zu zeigen, wie er sich seiner eigenen Natur zu bedienen habe, um ihm alles Erforderliche an die Hand zu geben. In lichtvoller Weise zeigte er ihm die Verbindung zwischen den äußeren und den geheimen Wissenschaften, den Religionen und den geistigen Kräften, welche sich gegenwärtig die Führung der Menschheit streitig machen, sowie das Alter der okkulten Tradition, welche die Fäden der Geschichte in der Hand hält, sie verknüpft, auftrennt und im Laufe der Jahrhunderte wieder zusammenknüpft. Rasch ließ er ihn durch die verschiedenen Etappen der inneren Disziplin hindurchgehen, um das bewusste und vernunftgetragene Hellsehen zu erreichen. In wenigen Monaten war der Schüler durch mündlichen Unterricht mit der unvergleichlichen Tiefe und Schönheit der esoterischen Zusammenschau bekannt geworden. (...) ‚Wenn du den Feind bekämpfen willst, musst du ihn zuerst verstehen. Den Drachen kannst du nur besiegen, wenn du seine Haut anziehst. Den Stier muss man bei den Hörnern nehmen. Im größten Missgeschick wirst du deine Waffen und deine Kampfgenossen finden. Ich habe dir gezeigt, wer du bist; jetzt gehe - und bleibe du selbst!' - Rudolf Steiner kannte die Sprache der Meister genügend, um den schweren Weg vorauszuahnen, welchen dieser Befehl ihm auferlegte; er begriff jedoch auch, dass es das einzige Mittel war, um zum Ziele zu gelangen. Er gehorchte und machte sich auf den Weg."

(Quellen: Christoph Lindenberg „Rudolf Steiner – eine Chronik", S. 53 ff.; GA 262, S. 28 ff.)

1888

„Da war vor allem immer intensiv anregend der Heiligenkreuzer Zisterzienser Ordenspriester Wilhelm Neumann. Müllner verehrte ihn mit Recht wegen seiner umfassenden Gelehrsamkeit. Er sagte mir, als ich einmal in Abwesenheit Neumanns von dessen weitausschauendem Wissen mit enthusiastischer Bewunderung sprach: ja, der Professor Neumann kennt die ganze Welt und noch drei Dörfer. Ich schloß mich gerne dem gelehrten Manne an, wenn wir von dem Besuche bei delle Grazie weggingen. Ich hatte so viele Gespräche mit diesem «Ideal» eines wissenschaftlichen Mannes, aber zugleich «treuen Sohnes seiner Kirche». Ich möchte nur zweier hier Erwähnung tun. Das eine war über die Wesenheit Christi. Ich sprach meine Anschauung darüber aus, wie Jesus von Nazareth durch außerirdischen Einfluß den Christus in sich aufgenommen habe und wie Christus als eine geistige Wesenheit seit dem Mysterium von Golgatha mit der Menschheitsentwickelung lebt. Dies Gespräch blieb tief in meiner Seele eingeprägt; es tauchte immer wieder aus ihr auf. Denn es war für mich tief bedeutsam. Es unterredeten sich damals eigentlich drei. Professor Neumann und ich und ein dritter Unsichtbarer, die Personifikation der katholischen Dogmatik, die sich wie drohend, dem geistigen Auge sichtbar, hinter Professor Neumann, diesen begleitend, zeigte, und die stets ihm verweisend auf die Schulter klopfte, wenn die feinsinnige Logik des Gelehrten mir zu weit zustimmte. Es war bei diesem merkwürdig, wie der Vordersatz gar oft im Nachsatze in sein Gegenteil umschlug. Ich stand damals der katholischen Lebensart in einem ihrer besten Vertreter gegenüber; ich habe sie achtend, aber auch

wirklich gründlich gerade durch ihn kennen gelernt.
(....)

Ich hatte gerungen mit dem Rätsel der wiederholten Erdenleben des Menschen. Manche Anschauung in dieser Richtung war mir aufgegangen, wenn ich Menschen nahegetreten war, die in dem Habitus ihres Lebens, in dem Gepräge ihrer Persönlichkeit unschwer die Spuren eines Wesensinhaltes offenbaren, den man nicht in dem suchen darf, was sie durch die Geburt ererbt und seit dieser erfahren haben. Aber in dem Mienenspiel, in jeder Gebärde Ferchers (v. Steinwand) zeigte sich mir die Seelenwesenheit, die nur gebildet sein konnte in der Zeit vom Anfange der christlichen Entwickelung, da noch griechisches Heidentum nachwirkte in dieser Entwickelung. Eine solche Anschauung gewinnt man nicht, wenn man über die zunächst sich aufdrängenden Äußerungen einer Persönlichkeit sinnt; man fühlt sie erregt durch die solche Äußerungen scheinbar begleitenden, in Wirklichkeit aber sie unbegrenzt vertiefenden, in die Intuition eintretenden Züge der Individualität. Man gewinnt sie auch nicht, wenn man sie sucht, während man mit der Persönlichkeit zusammen ist, sondern erst dann, wenn der starke Eindruck nachwirkt und wie eine belebte Erinnerung wird, in der das im äußeren Leben Wesentliche sich auslöscht und das sonst «Unwesentliche» beginnt eine ganz deutliche Sprache zu reden. Wer Menschen «beobachtet», um ihre vorangegangenen Erdenleben zu enträtseln, der kommt ganz gewiß nicht zum Ziele. Solche Beobachtung muß man wie eine Beleidigung empfinden, die man den Beobachteten zufügt; dann erst kann man hoffen, daß wie durch eine von der geistigen Außenwelt kommende Schicksalsfügung sich das Langvergangene des Menschen in dem Gegenwärtigen enthüllt. Gerade in der hier dargestellten Zeit meines Lebens errang ich mir die bestimmten Anschauungen über die wiederholten Erdenleben des Menschen. Vorher lagen sie mir zwar nicht ferne; aber sie rundeten sich nicht aus den unbestimmten Zügen heraus zu scharfen Eindrücken. Theorien aber über solche Dinge wie wiederholte Erdenleben bildete ich nicht in eigenen Gedanken aus; ich nahm sie zwar in das Verständnis aus der Literatur oder ändern Mitteilungen auf als etwas Einleuchtendes; aber ich theoretisierte selbst nicht darüber. Und nur, weil ich mir wirklicher Anschauung auf diesem Gebiete bewußt war, konnte ich das erwähnte Gespräch mit Professor Neumann führen. Es ist ganz gewiß nicht zu tadeln, wenn sich Menschen von den wiederholten Erdenleben und ändern nur auf übersinnlichem Wege zu erlangenden Einsichten überzeugen; denn eine vollgeltende Überzeugung auf diesem Gebiete ist auch dem unbefangenen gesunden Menschenverstände möglich, auch dann, wenn der Mensch es nicht zur Anschauung gebracht hat. Nur war der Weg des Theoretisierens auf diesem Gebiete nicht mein Weg."

(R. Steiner „Mein Lebensgang", GA 28, TB 636 (Kap. VII.), S 91 ff)

"Was damals im Anschauen des Christentums in meiner Seele vorging, war eine starke Prüfung für mich. Die Zeit von meinem Abschiede von der Weimarer Arbeit bis zu der Ausarbeitung meines Buches: 'Das Christentum als mystische Tatsache' ist von dieser Prüfung ausgefüllt. Solche Prüfungen sind die vom Schicksal (Karma) gegebenen Widerstände, die die geistige Entwickelung zu überwinden hat."

"Ich konnte in dieser Prüfungszeit nur weiter kommen, wenn ich mit meiner Geist-Anschauung die Entwickelung des Christentums mir vor die Seele rückte. Das hat zu der Erkenntnis geführt, die in dem Buche 'Das Christentum als mystische Tatsache' zum Ausdrucke kam. Vorher deutete ich immer auf einen christlichen Inhalt, der in den vorhandenen Bekenntnissen lebte. Das tat ja auch Nietzsche."

"In der Zeit, in der ich die dem Wort-Inhalt nach Späterem so widersprechenden Aussprüche über das Christentum tat, war es auch, dass dessen wahrer Inhalt in mir begann keimhaft vor meiner Seele als innere Erkenntnis-Erscheinung sich zu entfalten. Um die Wende des Jahrhunderts wurde der Keim immer mehr entfaltet. Vor dieser Jahrhundertwende stand die geschilderte Prüfung der Seele. Auf das geistige Gestanden-Haben vor dem Mysterium von Golgatha in innerster ernstester Erkenntnis-Feier kam es bei meiner Seelen-Entwickelung an."

(R.Steiner „Mein Lebensgang", GA 28, Kap. XXVI, p.363ff)

Durch das oben zitierte ergibt sich eine Falsifizierung der folgenden Thesen Felix Haus, auch wenn dieser das partout nicht zugeben mag. Felix Hau behauptet: „

1. Dasjenige, was man als Steiners Einweihung bezeichnen kann, geschah mit 19 Jahren.

2. Diese Einweihung geschah "von selbst", ohne irgendeine "Meisterbegegnung".

3. Seine grundlegenden Ansichten sind lediglich an diesem Punkt seines Lebens einmal modifiziert worden.

4. Diese Modifikation war dennoch keine wirkliche Änderung, sondern eine unendliche Erweiterung und Klärung auch schon vorher bestehender Ansichten.

5. Steiners Einweihung hatte nichts - und zwar überhaupt nichts - mit dem Christentum zu tun.

6. Steiners Lebenswandel steht in keinerlei Widerspruch zu seiner

Einweihung, weder vor noch nach der Jahrhundertwende. Insbesondere deutet seine "wilde Zeit" nicht auf einen Saulus hin, der später dann zum Paulus geworden ist; und man muss sie vor dem Hintergrund des Eingeweiht-Seins Steiners weder aus irgendeinem Grund leugnen, noch "erklären".

7. Steiner hat auch nach der Jahrhundertwende seine Auffassungen beibehalten.

8. Er hat diese seine Auffassungen, ganz gemäß seiner Überzeugung von dem Erkennen als Mitschöpfen der Welt, nicht nur bis zu seinem Lebensende durchgetragen, sondern nach der Jahrhundertwende auch praktisch umgesetzt, indem er sie lebte; er hat nicht nur die Ideenwelt seiner Auffassungen, sondern auch seine Biographie ab einem bestimmten Zeitpunkt gestaltet - sowohl in Richtung Zukunft als auch in Richtung Vergangenheit.

9. Die theosophische Zeit, die mit keinerlei Änderung seiner Auffassungen verbunden ist, begann aus rein äußerlichen Gründen.

10. Steiner hat vor diesem - äußerlichen - Hintergrund nicht nur seine Ideen anschaulich in religiöse Begriffe gekleidet und das Christentum als denjenigen kulturellen Rahmen gewählt, in dem er, um seinem Publikum gerecht zu werden, diese Anschauungen vortragen wollte, sondern auch begonnen, seine eigene Biographie zu mystifizieren und sein Frühwerk bzw. seine Lebensphasen vor der theosophischen Zeit entsprechend zu interpretieren. Daraus resultiert nicht nur die Geschichte, die er Schuré vermutlich über seine Einweihung erzählt hat, sondern auch die sattsam bekannten Änderungen und Zusätze, die er beispielsweise der Philosophie der Freiheit bei deren Neuauflage einverleibt hat und noch einiges anderes mehr (siehe oben; Mysterium von Golgatha), was es heute so schwer macht, gegenüber Steiner und der Anthroposophie ein freies Verhältnis zu gewinnen - oder ein solches gar öffentlich zu formulieren."

Das dies der Wahrheit nicht entspricht ergibt sich auch aus weiteren Schriften, wie R. Steiner „Die geistige Führung des Menschen und der Menschheit" (GA 15), „Die Geheimwissenschaft im Umriß (GA 13) und „Kosmologie, Religion und Philosophie" (GA 25) sowie aus „Anthroposophische Leitsätze" (GA 26) und „Mein Lebensgang" (GA 28), wobei das oben gesagte aus letzterem bereits zitiert wurde.
Hinweise auf die Einweihung Rudolf Steiners durch Christian Rosenkreutz finden sich in folgenden Werken: Herbert Wimbauer: Über die Meister des Westens und die spirituelle Ökonomie, S. 29/30 (St. Ulrich / D-Bollschweil, 1984); Sergej Prokofieff: Rudolf Steiner und die Grundlegung der neuen Mysterien, S. 61 (Stuttgart, 1982).

Dazu noch das von Dr. Horst Peters ergänzte:

"Rudolf Steiners Verhältnis zum Christentum vor der Jahrhundertwende ist nach seinen Äußerungen im Lebensgang (Kap. XXVI) einzuordnen und auch nach einer Stelle bei Rittelmeyer (a. a. O. S. 63): „Haben Sie denn", fragte ich damals [1916] einmal, „immer so über Christus gedacht, wie Sie heute denken, auch in Ihrer naturwissenschaftlichen Zeit?" „Ich erinnere mich", gab er [Rudolf Steiner] zur Antwort, „daß ich schon in der Mitte meiner zwanziger Jahre in einem Gespräch über Christus so sprach. Dann ist das allerdings vorübergehend zurück-getreten. Ich musste durch alles hindurch. Es war eine karmische Notwendigkeit."

Zur Ergänzung auch noch einmal meinen Leserbrief zu diesem Thema, der auf obigem beruht (zum besseren Verständnis):

Nachdem ich die Ausgabe 06/05 von "Info3" vorliegen hatte, mußte ich feststellen, daß dieser Leserbrief gerade um die entscheidenden Passagen gekürzt worden sind, die geeignet sind, Felix Haus "These" zu widerlegen:

Leserbrief zu Felix Hau „Rudolf Steiner integral – Eingeweihter, Lebemann, Priester" in Info3, Ausgabe 05/05, S. 27 ff

Der Artikel von Felix Hau hat ein lebhaftes Echo hervorgerufen, er bedarf jedoch m.E. einer Entgegnung.

Zunächst einmal folgendes: Rudolf Steiner ging den (christlich-) rosenkreuzerischen Einweihungsweg – und wie Prokofieff und Wimbauer annehmen, wurde Steiner unmittelbar durch Christian Rosenkreuz eingeweiht. Wie Steiner selbst ausführt handelt es sich beim (christlich-) rosenkreuzerischen Einweihungsweg - im Gegensatz zum herkömmlichen christlichen Einweihungsweg, der auf Glauben beruht - um einen Erkenntnisweg, dessen höchste Stufen erst das Erkennen der wahren Christus-Wesenheit ermöglichen. Insofern wurde Steiner durch Christian Rosenkreuz auch Schritt für Schritt an diese Erkenntnis des physisch verkörperten Christus herangeführt.

Rudolf Steiner benennt als Wendepunkt in seinem Leben „das unmittelbare gestanden haben vor dem Mysterium von Golgatha". Schon sehr früh in seinem Lebensgang (1888) berichtet Rudolf Steiner darüber, wie er die „Wesenheit Christi" sah. So sprach er gegenüber Professor Wilhelm Neumann, Ordenspriester der Zisterzienser, darüber „wie Jesus von Nazareth durch außerirdischen Einfluß den Christus in sich aufgenommen habe und wie Christus als eine geistige Wesenheit seit dem Mysterium von Golgatha mit der Menschheitsentwicklung lebt"
(R. Steiner: Mein Lebensgang, Taschenbuchausgabe, S. 95).
1902 erschien erstmals sein Werk "Das Christentum als mystische

Tatsache..." (GA 8). Steiner mußte in diesem Frühstadium seiner theosophischen Wirksamkeit noch auf Vorbehalte seiner theosophischen Zuhörerschaft gegenüber dem Christentum eingehen, denn die Zielsetzung der Adyar-Theosophie war eine ganz andere, die wegführen wollte vom Christus-Mysterium, insofern mußte Steiner sich in dieser aus Vorträgen vor der Theosophischen Gesellschaft enstandenen Schrift noch diplomatisch offen zeigen, gegenüber Bestreitern einer historischen Realität des Wandelns Christi auf Erden. Insofern drückte er sich in dieser Schrift zwar eindeutig für die mystische TATSACHE des Christentums aus, belies es aber hinsichtlich des geschichtlichen Hintergrundes nur bei Andeutungen. In späteren Schriften, wie "Die geistige Führung des Menschen und der Menschheit" und "Die Geheimwissenschaft im Umriß" drückte sich Steiner direkter aus. Er wußte bereits, dass er seinen Weg außerhalb der theosophischen Gesellschaft weiterzuführen habe, und war seiner Anhängerschaft bereits gewiß. Daher nahm er in diesen Schriften kein Blatt mehr vor den Mund, sondern äußerte sich eindeutig für eine historische Tatsächlichkeit des Wandelns Christi auf der Erde.

Wie die Geschichte weiterging ist allgemein bekannt: Es wurde die Anthroposophische Gesellschaft gegründet. Von diesem Tage an konnte Steiner ohne Rücksicht auf die Adyar-Theosophie das ausdrücken, was ihm Erkenntnis geworden war: die historische Tatsächlichkeit des Christus Jesus und seine Konsequenzen für die Menschheit. In seinen späteren Werken findet dies denn auch seinen Niederschlag, unter anderem auch in dem Werk "Kosmologie, Religion und Philosophie". Somit konnte Steiner nun die historische Tatsächlichkeit des Mysteriums von Golgatha verkünden, denn Rücksichten auf die Adyar-Theosophie waren nicht mehr erforderlich. Damit leistete Steiner dem Auftrag Folge sowohl den historischen Christus, als auch seine Wiederkunft in der ätherischen Welt, seiner Zuhörerschaft ausdrücklich als Tatsache zu verkünden.

Wer um die Weihnachtagung weiß, der weiß auch, dass Christian Rosenkreuz mit seinen Scharen dort als Anreger geistig präsent war. Insofern ist es nur konsequent von Rudolf Steiner als einem christlich-rosenkreuzerischen Eingeweihten zu sprechen.

Autobiographische Notiz

Michael Heinen-Anders, geb. 25.02.1960, zwei Töchter,
Studien als Wirtschafts- und Sozialwissenschaftler,
Diplom-Ökonom (Berg. Uni Wuppertal) 1989, lebt in Köln,
dort ehemals Mitherausgeber der Literaturzeitung HANDZEICHEN,
1998 – 2000 wissenschaftlicher Mitarbeiter beim Amt
für Stadtentwicklung und Statistik der Stadt Köln.
Weitere Tätigkeiten in den Bereichen Wirtschaftsförderung,
Sozialwesen und Verwaltung.
Seit 1994 Mitglied der Anthroposophischen Gesellschaft, Zweig
Köln. In den Jahren 1996 – 1997 Vorstandsmitglied der ELIAS-
Initiativgemeinschaft e.V. (Flensburg).
Erstveröffentlichung: „Ich und Du – Fundstücke" im
De Holtes Verlag, Bruttig-Fankel, 2008.
Weitere ausgewählte Veröffentlichungen: „Selbsterfüllende und
selbstzerstreuende Insolvenzprognosen als Ansätze zur Erklärung
krisenverschärfenden Verhaltens – Ein wirtschaftspsychologischer
Beitrag zur Finanzkrise" (Selbstverlag, Köln 2009)
sowie „Kapitalneutralisierung als Dreigliederungsaufgabe -
Eine interdisziplinäre betriebswirtschaftliche Studie"
(Selbstverlag, Köln 2009); „Späte Rehabilitation – Gedichte und
Prosa" bei BOD, Norderstedt 2009.

Weitere Titel von Michael Heinen-Anders:

*Neue Gedichte - und Prosa (BOD, Norderstedt 2011)
*Kindergedichte (BOD, Norderstedt 2010 und 2011)
*Licht am Morgen - Gedichte und Prosa (BOD, Norderstedt 2010)
***Aus anthroposophischen Zusammenhängen** (BOD, Norderstedt 2010)
*DAS LITERARISCHE GESAMTWERK 1969 - 2017 (BOD, Norderstedt 2017)
*Mohammeds letzter Wille. Ausgewählte Prosa 1976 – 2013 (BOD, Norderstedt 2013)